É melhor se calar

Dados Internacionais de Catalogação na Publicação (CIP)
(Câmara Brasileira do Livro, SP, Brasil)

Scquizzato, Paolo
 É melhor se calar : o silêncio e a oração cristã / Paolo Scquizzato ; tradução de Silvana Cobucci Leite. – Petrópolis, RJ : Vozes, 2024.

 Título original: Ancor meglio tacendo

 ISBN 978-85-326-6833-2

 1. Oração – Cristianismo I. Título.

24-208492   CDD-248.32

Índices para catálogo sistemático:

1. Oração : Cristianismo 248.32
Cibele Maria Dias – Bibliotecária – CRB-8/9427

PAOLO SCQUIZZATO

É melhor se calar

O SILÊNCIO E A ORAÇÃO CRISTÃ

Tradução de Silvana Cobucci Leite

EDITORA VOZES

Petrópolis

© 2016 Effatà Editrice, Via Tre Denti, 1, 10060 Catalupa, Italy.

Tradução do original em italiano intitulado
Ancor meglio tacendo – La preghiera Cristiana

Direitos de publicação em língua portuguesa – Brasil:
2024, Editora Vozes Ltda.
Rua Frei Luís, 100
25689-900 Petrópolis, RJ
www.vozes.com.br
Brasil

Todos os direitos reservados. Nenhuma parte desta obra poderá ser reproduzida ou transmitida por qualquer forma e/ou quaisquer meios (eletrônico ou mecânico, incluindo fotocópia e gravação) ou arquivada em qualquer sistema ou banco de dados sem permissão escrita da editora.

CONSELHO EDITORIAL

Diretor
Volney J. Berkenbrock

Editores
Aline dos Santos Carneiro
Edrian Josué Pasini
Marilac Loraine Oleniki
Welder Lancieri Marchini

Conselheiros
Elói Dionísio Piva
Francisco Morás
Gilberto Gonçalves Garcia
Ludovico Garmus
Teobaldo Heidemann

Secretário executivo
Leonardo A.R.T. dos Santos

PRODUÇÃO EDITORIAL

Aline L.R. de Barros
Jailson Scota
Marcelo Telles
Mirela de Oliveira
Natália França
Otaviano M. Cunha
Priscilla A.F. Alves
Rafael de Oliveira
Samuel Rezende
Vanessa Luz
Verônica M. Guedes

Diagramação: Editora Vozes
Revisão gráfica: Anna Carolina Guimarães
Capa: Anna Ferreira

ISBN 978-85-326-6833-2 (Brasil)
ISBN 978-88-6929-167-8 (Itália)

Este livro foi composto e impresso pela Editora Vozes Ltda.

> *Deus está tão acima de tudo*
> *que nada podemos dizer a ele:*
> *por isso, a melhor oração é o silêncio.*
>
> Angelus Silesius,
> *O peregrino querubínico* I, 240

Para minha mãe, que me ensinou a rezar

Sumário

Rezar não significa "fazer orações", 11

A oração como ação de Deus 11

A oração é silêncio 16

A oração é questão de capacidade 20

A oração é uma pausa 20

A oração é caminho de divinização 21

A oração é um ato precário 22

A oração é ação de mendicante 23

A oração é entrar em contato com a própria
fonte interior 24

A oração não facilita a vida 26

A oração como insistir na verdade 27

A oração é abertura para o imprevisto 28

A oração é a atitude de quem vive sem
fazer violência 29

A oração como atenção e consciência, 31
 Vazio como atenção...33
 Agir, não ser impelidos e, portanto, perturbados................34
 A unidade 36
 A consciência 39

A meditação, 43
 Confiar-se..45
 Oração de pobreza...46
 Oração de fé 47
 Educar-se para o desapego 49
 Transformação 54
 Morrer para si mesmos..56
 Meditação e orações...57

Três tipos de oração, 61
 A oração de petição...61
 A oração de agradecimento..63
 A oração de intercessão 66

O Pai-nosso, 71

Pai 71

Nosso 73

Que estás nos céus 74

Seja santificado o teu nome 76

Venha o teu reino 78

Seja feita a tua vontade 80

Assim na terra como no céu 82

Dá-nos hoje o nosso pão de cada dia 84

Perdoa as nossas dívidas, assim como nós perdoamos aos nossos devedores 87

Não nos induzas à tentação 89

Liberta-nos do mal 91

Uma releitura possível 93

Rezar não significa "fazer orações"

A oração como ação de Deus

Nós não somos os *sujeitos* e os protagonistas da oração, e muito menos Deus é *objeto* da nossa oração.

Na oração, "*é o Espírito quem fala ao Espírito. O esquema do sujeito-objeto, de dirigir-se a alguém, é transcendido: quem fala por meio de nós é o mesmo a quem nos dirigimos*" (Paul Tillich, *Teologia sistemática*, vol. III).

No início de nosso percurso, diante dessas premissas, surge uma pergunta que é importante tentar responder: podemos considerar o que nós chamamos Deus como um "*tu*" pessoal? Em suma, Deus é *pessoa*?

> Deveríamos dizer que Deus não é uma pessoa (a analogia nos diz mais o que não é do que o que é). Deus está além da experiência que fazemos das pessoas e das personalidades. A

> noção de "pessoa" empregada para distinguir Pai, Filho e Espírito na Trindade não passa de um mecanismo conceitual para realizar tal distinção e não deve ser confundida com a imagem de pessoa que depreendemos da rica, mas antropomórfica interpretação fornecida pelo personalismo, e que corre o risco de nos fazer ver Deus como demasiado humano. Deus é análogo a uma pessoa, e podemos aprender algo sobre ele (ou melhor, podemos nos livrar de um pouco da ignorância que temos a respeito dele) se lhe aplicamos essa categoria de maneira realmente analógica. Mas, em primeiro lugar, Deus não é uma pessoa. "O Deus a que nos dirigimos nas orações é definido como 'pessoa'. Mas isso sugere a ideia de um Deus como um indivíduo finito e, diante das inúmeras coisas ditas sobre Deus que tornam essa ideia absurda, temos de nos perguntar por que essa ideia é apresentada" (D. Z. Phillips). Antes de tudo, Deus é Deus. "Deus não é alguém que...", insiste Gabriel Marcel. "Quanto mais eu sou indisponível, mais Deus me parece 'alguém que...'". [...] Ao dizer que a oração é a nossa maneira de falar com Deus corremos o risco de reduzir a oração a um diálogo conosco mesmos (Matthew Fox, *Prayer: A radical response to life* [Oração: uma resposta radical para a vida]).

A oração é o espaço em que Deus *acontece* em nós na medida em que concedemos espaço à sua *ação*.

Em João 1,9, lemos: "*Estava chegando ao mundo a luz verdadeira, que ilumina todos os homens*". A oração é acolhimento, disponibilidade para esta *luz* que gratuita e imerecidamente ilumina *todos os homens*, independentemente da própria crença religiosa ou conduta moral.

Essa *luz* não deve ser entendida como uma realidade proveniente do além, de fora – talvez do *céu* – que recebemos ao fazer algo, mas como uma realidade que, já presente em *todos os homens*, poderá surgir até se irradiar para a pessoa como um todo, iluminando-a.

Aqui é importante aprofundar o que queremos dizer ao falar de *luz* capaz – graças à oração – de iluminar e transfigurar toda a existência.

Em cada um de nós está presente um *princípio*, uma *semente* divina que nós cristãos aprendemos a chamar de *espírito* e que, por exemplo, os antigos Upanixades da Índia denominam de Atman/Brahman, a eterna Realidade transcendente. Essa *luz*, esse *princípio de vida*, precisa ser "libertado", ajudado a desabrochar. É óbvio que viver a própria vida espiritual e, portanto, rezar significará apenas levar a termo essa energia que já trazemos dentro de nós e que só pede para ser deflagrada para assim nos conduzir à plenitude de nós mesmos.

Todos somos chamados a germinar ou, se preferirmos, a nos transformar/transfigurar, ou seja, a renascer do alto (cf. o "renascer do alto" de Jesus na conversa com Nicodemos, Jo 3,1ss.).

Desse ponto de vista, compreendemos como com a oração não produzimos nada, não provocamos nada e não invocamos ninguém. Não se trata de *atrair para si*, mas de se tornar *disponível* – dar espaço, como dissemos acima – para a ação de um outro. É simples *atenção* àquele princípio de vida que no íntimo faz crescer, amplia, expande e faz desabrochar o humano, como a flor que desabrocha graças à luz que chega até ela.

É interessante o que John Main escreve sobre a *meditação* – da qual falaremos mais adiante –, mas que pode ser aplicado à oração em geral:

> A via meditativa é a que nos abre, na medida do que podemos fazer nesta vida, para o dom de Deus; e o seu dom supremo é Jesus Cristo. Ele é a nossa luz. É a nossa iluminação. A plenitude do seu espírito reside em nosso coração: cabe ao cristão tornar-se consciente disso – em toda a sua força e maravilha – nos recantos mais profundos do espírito. Quando meditamos de manhã e à noite, deixamos de lado todas as outras coisas e nos abrimos para aquela luz; e enquanto procuramos seguir sua indicação, somos iluminados por ela. O prodígio da meditação é que, se conseguimos perseverar na sua prática, tudo o que em nossa vida não está em consonância com a luz é incinerado (*O caminho do não conhecimento*).

Agora esta luz, esta energia, este princípio vital, o espírito que cada ser humano traz em si desde sempre, poderá emergir, iluminar e ampliar o ser desde que se criem as condições para que isso possa ocorrer. O *princípio de vida* não pode surgir no caos e nos lampejos de luzes falsas. Não pode *emergir* se estamos perturbados e aturdidos pelo barulho, se em nós há forças que arrastam para fora, abandonando assim o lugar onde ele mora.

"Eis que estou à porta e bato" (Ap 3,20), diz Jesus, o *Vivente* (Ap 1,18), a *luz* (Jo 8,12). A Vida e a luz já estão dentro de nós, o problema é que nós frequentemente estamos fora de nós mesmos, distraídos e alheados. Temos de fazer uma longa viagem para a nossa morada interior, o nosso coração, para assim entrar em contato com o *vivente* que nos espera desde sempre.

"Quando orares, entra no teu quarto, fecha a porta e ora ao teu Pai, que está em secreto" (Mt 6,6). Quando rezar, desça em seu íntimo e ali beba da sua fonte interior, indispensável para fazê-lo viver, diz Jesus.

A luz, o Espírito, Deus, é a pérola preciosa, o tesouro escondido (cf. Mt 13,44) que já trazemos dentro de nós, naquele lugar que aprendemos a chamar de *coração*[1].

---

1. É o que o mito e a tradição antiga indicam com *caverna*, lugar do encontro com Deus. Nos Upanixades, é chamada de *guha*. É o santuário interior, o lugar ao qual o pensamento não pode ter acesso, a morada do divino. Teresa de Ávila o denominará *"castelo interior"*; Eckhart, *"fundo da alma"*; Tauler, *"centelha da alma"*. É a sede, o símbolo da fé, da vida, de onde partem todas as formas de vida manifestas.

Onde podia se encontrar o Atman, onde habitava, onde pulsava o seu eterno coração, onde, a não ser nas profundezas do próprio eu, naquele âmago indestrutível que cada um traz dentro de si? Mas onde, onde se achava esse Eu, esse âmago, esse absoluto? Não era carne e ossos, não era nem pensamento nem consciência. Onde, onde existia então? Penetrar lá dentro, até chegar ao Eu, a mim, ao Atman: haveria qualquer outro caminho que valesse a pena procurar? Ai de mim! Ninguém indicava esse caminho, ninguém o conhecia. [...] Contudo, era esse o caminho que precisava ser encontrado: descobrir a fonte originária no próprio Eu, e apossar-se dela! Todo o resto era apenas busca, era erro e desvio (Hermann Hesse, *Sidarta*).

O coração é o centro de todo a pessoa humana e é ela inteira que deve retornar a ele. Só quando chegamos ao coração ocorre a transformação e daqui começa o movimento ascendente. Só haverá transformação do mundo a partir da transformação de nós mesmos a partir do coração (*Relatos de um peregrino russo*).

A oração é silêncio

O que entendemos por *silêncio*? Certamente não a mera ausência de palavras; alguém que não pronuncia palavras não está silencioso, está simplesmente mudo. O *silêncio* é uma condição existencial, que com o tempo nos leva a ver a *luz* presente e resplandecente em nós.

> O *silêncio da Vida* não é uma *vida de silêncio*, a vida silenciosa dos monges, a dos eremitérios. [...] O *silêncio da Vida* é a arte de fazer calar as atividades da vida (que não são a Vida) para chegar à experiência pura da Vida. Muitas vezes identificamos a vida com as atividades e identificamos o nosso ser com os nossos pensamentos, sentimentos, desejos, vontade, com tudo o que fazemos e temos. Imersos nas atividades da vida, perdemos a capacidade de ouvir e nos afastamos da nossa própria origem: o *Silêncio*, o *Não ser*, Deus.
>
> O Silêncio aflora no mesmo momento em que nos colocamos na origem do ser. A origem do ser não é o ser, mas a *fonte* do Ser – o Ser já está deste lado da tela. "*Eu vim para que tenham vida e vida em abundância*" (Jo 10,10) (Raimon Panikkar, *Espiritualidad, el camino de la Vida* [Espiritualidade, o camino da vida]).

Para aprender a rezar, precisamos reentrar em nós mesmos, criar espaços de silêncio em nossa jornada, essenciais como comer, beber, respirar. Viver sempre "fora de nós mesmos" leva-nos a morrer espiritualmente, porque de fato negligenciamos o *essencial*. Como não respirar, não comer, não descansar levam inexoravelmente à morte.

Viver o silêncio significa calar o próprio mundo interior, significa impedir a fala das imagens, dos pensamentos, das palavras, incluindo "*as orações*". Rezar não significa *pensar*, ou *imaginar*: "*A imaginação serve para tapar os buracos pelos quais a graça deveria passar*" (Simone Weil, *Espera de Deus*).

O *pensamento* é sempre algo acrescentado ao nosso *verdadeiro eu*. Nós não somos aquilo que pensamos, com todo o respeito por Descartes. A questão é fazer *experiência* de uma realidade vital que já habita em nós; não temos de pensá-la para que exista, ela já está dada.

> Qualquer conceito elaborado pela mente para tentar alcançar e delinear a Natureza Divina consegue apenas criar um fetiche, não fazê-la conhecer (Gregório de Nissa, *Vida de Moisés*).

Assim como as imagens, as palavras e os conceitos, o pensamento serve para o conhecimento, que, por mais importante e necessário que seja, é sempre fragmentário. Só a *experiência* consegue apreender a totalidade, e Deus é o Uno. Por isso, a oração jamais poderá ser um *ato intelectual*. Simplesmente porque Deus é questão de *experiência* e não de conhecimento.

> O ser humano não deve se contentar com um Deus pensado. Porque, assim que o pensamento desaparece, também aquele Deus desaparece (Mestre Eckhart, *Sermões alemães*).

Enquanto o pensamento e as imagens são o material necessário para conhecer e aprender a lidar com as coisas do mundo, na vida espiritual ocorre precisamente o contrário: quando o pensamento e as imagens silenciarem, Deus poderá finalmente emergir dentro de nós. Deus não é um pensamento gerado pela mente, mas Amor que nutre pela via experiencial. Um fogo pintado em uma parede não aquece!

Além disso, a oração não gera nada, aceita e basta. Como, aliás, acontece com as coisas fundamentais da vida: a luz, o ar, a água, o amor, não são produzidos por nós, mas simplesmente fazemos experiência deles e, por isso, poderíamos até dizer que a oração talvez seja o ato humano mais *inútil* que existe.

> Poderíamos definir a oração como um estado de amor obediente, ou seja, o estado em que estamos totalmente à disposição de Deus, sem desejar ou planejar nada, e sim situando-nos na plenitude do seu dom vital, a plenitude do dom da nossa criação pessoal e inimitável. [...] A oração tem bem pouco a ver com pedir isto ou aquilo. A oração é algo muito mais simples: é ser um com Deus. Penso que é difícil porque vivemos numa sociedade eminentemente materialista; uma sociedade que vê todas as coisas em termos de posse, e mesmo que possamos parecer mais atentos às coisas do espírito, facilmente resvalamos para um materialismo espiritual: ao invés de acumular dinheiro, procuramos acumular graças ou méritos. A oração representa o caminho para o despojamento e a entrega; coisas difíceis para nós porque fomos educados a buscar o sucesso, ensinaram-nos que só vale a pena vencer, e não perder. No entanto, Jesus nos diz que, se queremos reencontrar a nossa vida, primeiro temos de perdê-la (John Main, *Escritos fundamentais*).

A oração é questão de capacidade

Mas existe uma forma de aceder e entrar em contato com esse *lugar interior*, onde reside a *luz* da vida? Sim, trata-se de uma *atitude* a ser adquirida, que poderíamos definir como *capacidade*. De fato, a oração é um tornar-se *capaz*. Mas – atenção! –, não no sentido de ser capaz "*de fazer*" alguma coisa (mentalidade ainda utilitarista), mas simplesmente capaz de acolher. Um recipiente é *capaz* porque está *vazio*, e desse modo tem condições de receber um conteúdo; ele não *deve fazer* nem *produzir* nada. Assim, a oração nos torna simplesmente *capazes*, não de *fazer*, mas de *acolher* tudo.

A oração é uma pausa

Na verdade, o verbo fundamental da oração é *parar*.

"*Sai e permanece na presença do Senhor*" (1Rs 19,9-11); "*Parai e reconhecei que eu sou Deus*" (Sl 46,11).

Assim, a oração se tornará um caminho que levará ao *ócio*, que não é o pai dos vícios.

Fizemos da vida um *neg-ócio*, ou seja, a negação do ócio. Identificamos a *vida* com o fazer, negociar, avaliar, vender e comprar, e com a imagem que temos de nós mesmos e as expectativas que os outros alimentam a nosso respeito. Reduzimo-nos a meros comerciantes de vida, incluindo as coisas relativas a Deus. "*O ócio é o trabalho mais digno que o ser huma-*

no pode realizar" (Luciano Manicardi, *La vita interiore* [A vida interior]). Viver de maneira *ociosa* é dar finalmente espaço para o *espírito*, para a vida verdadeira que existe em nós, para o nosso *verdadeiro Eu*, possibilidade dada à luz de poder brilhar e à energia de poder deflagrar.

Precisamos muito de um momento *ocioso* ao longo do dia, de um momento em que podemos entrar em contato com nossa verdadeira *fonte interior*, para afinal perceber que o que nos torna verdadeiros, ou seja, homens e mulheres autênticos, não é um dia de negócios, de corre-corre, de produtividade e de encontros, e sim um dia em que podemos entrar em contato com a Verdade que nos habita. O mundo *externo* jamais no dirá quem somos realmente.

A oração é caminho de divinização

Dissemos que se entramos em contato com a luz que está em nós, a nossa *fonte interior*, nos iluminamos, nós mesmos nos tornamos luz (cf. Mt 5,14). E isso significa que começou um processo de *transfiguração* da nossa pessoa, propósito definitivo da nossa existência: tornar-nos luminosos, luz para o mundo em que estamos mergulhados, transformando pedaços de terra em Reino de Deus, subtraindo espaços de trevas deste nosso mundo. Tornar-nos luminosos como a própria Luz, tornar-nos Deus.

A oração dá forma à vida, confere uma cor diferente e uma nova direção a tudo o que fazemos, aos nossos relacionamentos, às nossas palavras, aos nossos gestos. E pouco a pouco perceberemos que não afundaremos naquela água que talvez chegue ao nosso pescoço, porque estamos adquirindo uma forma de vida que nos permite permanecer à tona, estamos vivendo uma *profundidade diferente* e outra consistência. Quem reza sente-se em casa no próprio coração, sereno por ter encontrado a paz naquela *caverna* interior que é o centro de si, *castelo interior* certo, seguro e inexpugnável.

A oração é um ato precário

Uma forma pouco usual de falarmos de oração em português recorre ao verbo "pregar", que significa pedir com insistência ou rogar. Nesse sentido, o verbo pregar tem a mesma raiz etimológica da palavra "precariedade". A pessoa que vive de oração é precária por descobrir que não é *autossuficiente*. Ela toma consciência de que suas energias, obtidas em fontes turvas, já não são suficientes para a vida. Assim, a pessoa orante criará em si mesma uma espécie de fresta pela qual a *energia* vital, brotada da fonte autêntica no interior de si mesma, emerge, impregnando todo o ser e toda a vida.

A oração é ação de mendicante

Precisamos reconhecer que somos mendicantes, pobres no ser para acolher e recolher esta força que já flui dentro de nós; entrando em contato com ela, finalmente nos descobriremos *criativos*, como o próprio Jesus, ou melhor, tornando-nos o próprio Jesus, *crísticos*, capazes do impossível (cf. Jo 14,12). Assim, compreendemos melhor que o que conta realmente em nossa vida não será a quantidade de orações que faremos – *"Nem todo aquele que me diz: 'Senhor, Senhor', entrará no Reino dos céus"* (Mt 7,21) –, mas a qualidade de vida que brotará das nossas raízes mais profundas, impregnadas da energia obtida pela oração.

É a qualidade da vida concreta cotidiana que dirá se somos ou não homens e mulheres de oração. Isso significa que o ser humano viverá como reza. E as pessoas de oração serão reconhecidas pela qualidade de suas ações.

Em resumo, a ética não deveria surgir de um ato voluntarista; não se trata de se obrigar a amar, querer o bem, ser pessoas de paz etc.

Assim como uma macieira naturalmente produz seus frutos por estar bem plantada com as raízes no solo, do qual obtém todo o seu alimento, da mesma forma a pessoa de oração viverá uma vida sob o signo do Espírito como uma consequência natural de estar arraigado na vida. São Paulo expressa isso muito bem na Carta aos Gálatas: *"O fruto do Espírito, porém, é amor, alegria, paz, magnanimidade, benevolência, bondade, fidelidade, mansidão, domínio de si"* (Gl 5,22).

A oração é entrar em contato com a própria fonte interior

Como dissemos, em nossa parte mais íntima, está presente o *princípio vital* e *criativo* que é o mesmo que constitui a *essência* do universo. Costumamos chamar essa *energia vivificante* de *espírito*, o mesmo que pairava sobre a terra antes da criação: *"A terra era informe e deserta e as trevas recobriam o abismo e o espírito de Deus pairava sobre as águas"* (Gn 1,2). João retomará esse pensamento no Prólogo de seu evangelho, ao escrever: *"Tudo foi feito por intermédio dele e sem ele nada do que existe foi feito"* (Jo 1,3; cf. Cl 12,1). Compreendemos, portanto, como, se dessa *energia primordial* nasceu toda a criação, a nossa oração, buscando essa mesma energia que está concentrada em nós, é capaz de realizar em nós uma verdadeira *re-criação*.

Cada um de nós é *pobreza* à espera de realização. Esse nosso estado de *pobreza* nos é inerente, essencial, e não é fruto de uma culpa ou de uma desobediência originária. *"Sou um fio de grama que tem sede"* (Michele Do, *Per un'immagine creativa del cristianesimo*), escuridão que anseia pela luz.

Desse modo, a oração torna-se simples abertura para a ação do Espírito que nos transforma internamente e nos faz passar da pobreza à plenitude de ser.

A oração é a abertura para a ação do Espírito, que nos transforma de carvão em diamante, e isso para que lentamente nos tornemos capazes de nos deixar atravessar pela luz, capacidade do diamante, negada ao carvão. Assim, cada um poderá aceitar serenamente o próprio material de construção de partida, por mais semelhante ao carvão que possa ser. Deus transforma. Assim como transformou a água em vinho em Caná, poderá transformar até a turfa em diamante.

Nós estamos em contínua *criação* de nós mesmos. Não somos seres "acabados", criados de uma vez por todas. Cada dia, cada um de nossos instantes é para nós um momento de *ascensão* para nossa realização definitiva, a plenitude de ser humano à qual devemos tender. A vida é um contínuo vir à luz de nós mesmos, uma verdadeira *transfiguração*.

Pois bem, a oração é o que contribui para nossa ascensão: é alcançar a luz presente em nós que ilumina todo o nosso ser, completando o nosso amadurecimento como homens e mulheres (cf. Ef 4,13), chegando a nos configurar ao próprio Cristo, a Luz (cf. Jo 8,12). Assim, a oração é um ato *re-criativo*.

"*Àquele que é poderoso para fazer infinitamente mais do que podemos pedir ou pensar, de acordo com seu poder que já atua em nós*" (Ef 3,20; cf. Gl 3,5; Ef 4,6).

A oração não será tanto um pedido para *ter*, mas uma abertura para *ser* e ser transformados, até nos descobrir:

- *cristóforos*, ou seja, aqueles que levam Cristo ao mundo, não tanto com palavras, doutrinas e ideias, mas com seu próprio ser;
- *pneumatóforos*, ou seja, dispensadores do Espírito e, portanto, do amor e da beleza;
- *estauróforos*, portadores da cruz de Cristo, ou seja, capazes de viver um amor até o fim, para depois constatar que é plenitude de vida;
- *lucíferos*, ou seja, portadores da luz que dá sentido e ilumina tudo.

A oração não facilita a vida

Não nos iludamos: a oração não elimina as dificuldades da vida, muito menos a torna mais simples. Ao acessar a Vida que nos habita e impregnar todo o nosso ser com ela, a oração transforma a maneira de enfrentar a própria vida. Esta permanece e sempre permanecerá a mesma, com todo o seu drama e dificuldades; a diferença reside na forma como se viverá tudo isso.

No Getsêmani – momento de máxima tragicidade –, Jesus cai na *tentação* de pensar que a oração pode livrá-lo da dificuldade: "*E, avançando um pouco, prostrou-se com o rosto em terra e orou, dizendo:*

'*Meu Pai, se é possível, afasta de mim este cálice!*'" (Mt 26,39). No entanto, a oração não é *milagrosa*. Ela põe em contato com o Deus que está em nós, ou seja, com nossos recursos mais elevados e maiores, dando-nos a possibilidade de enfrentar o imponderável e fazer-nos sair dele como vencedores. A resposta para o pedido angustiado de Jesus não foi o atendimento da sua oração, mas uma presença reconfortante: "*Então lhe apareceu um anjo do céu para confortá-lo*" (Lc 22,42). O Deus que conforta é a força em nós que nos permeia.

A oração como insistir na verdade

Satyagraha é uma palavra híndi ligada à experiência espiritual do Mahatma Gandhi, palavra que no Ocidente é traduzida, sobretudo, como *não violência*, reduzindo esse grande ser humano a um paladino da *não violência*. Literalmente, o termo *satyagraha* significa mais *insistir*, e especificamente *estar-residir dentro da verdade*. Pois bem, Gandhi viveu constantemente arraigado à verdade, imerso na sua *caverna interior*. O Mahatma foi um ser humano dotado de uma interioridade extraordinária, no sentido de que hauria incessantemente da própria *fonte interior* a sua verdade que é paz, vida, fecundidade, e foi isso que pouco a pouco o levou a viver de modo *não violento*, ou seja, não obrigado a responder ao mal com o mal.

Tudo isso nos ensina que a oração é *insistir* no único lugar em que flui a vida verdadeira, a nossa *fonte interior*, e que essa atitude transforma o ser, a maneira de nos relacionarmos com as pessoas através de pensamentos, paixões, ações purificadas e voltadas para o bem. Assim, rezar significa fincar as próprias raízes nesse manancial, e depois constatar que, se permanecemos de pé mesmo em ambientes muito difíceis, como uma árvore com as raízes bem arraigadas e muito profundas, podemos permanecer firmes até em meio à tempestade. A oração reside na própria interioridade.

A oração é abertura para o imprevisto

Já conhecemos o que está previsto. No fundo, o que esperamos senão o *inesperado*? Se esperássemos apenas o que temos certeza de que acontecerá, que sentido teria a vida? Seria apenas repetição e hábito, ou seja, *tédio*. A oração é, portanto, evento de espanto, deixar-se surpreender por um acontecimento imprevisto, uma visita inesperada.

A oração é o espaço no qual o ser humano pode se recolher e se recompor. Com a oração, nós, tão frequentemente fragmentados, reunimos nossas peças dispersas e nos recompomos. *"Depois de caminhar no meio dos espinhos nos quais deixamos presos fragmentos de alma, temos de nos recompor"* (Michele Do, *Per un'immagine creativa del cristianesimo*).

Assim, a oração se torna momento de *parada*. As muitas coisas que fazemos, nossa imersão em uma agitação contínua, no máximo nos ocupam e nos preocupam, mas permanecem "mudas", ou seja, não revelam o ser, não dizem o que realmente somos. Ao final do dia, chegamos vazios, mas sobretudo ignorantes da nossa própria identidade. A oração nos restitui a nós mesmos.

A oração é a atitude de quem vive sem fazer violência

A oração é o modo de ser do ser humano paciente, capaz de permanecer à espera até que as coisas se abram por si mesmas, desabrochem sozinhas, sem sentir a urgência de violentá-las para que deem a qualquer preço o fruto que esperávamos. A oração permite que o mistério profundo e inerente a todas as coisas emerja e se revele com seus próprios tempos e suas próprias modalidades.

> A pessoa de oração é como uma criança que chora de fome mesmo se lhe dizem que não há pão (Simone Weil, *Espera de Deus*).

A oração sabe que há *pão*, que há água, porque se sentimos sede é sinal de que existe também a água. A oração é uma propensão inelutável a ir sempre *além* da "daticidade" das coisas, da própria realidade, porque, no final, a realidade nunca mantém as promessas feitas. O real não é suficiente. Quem reza sabe por que não pode se render à realidade, e já descobre algo que tem o sabor da transcendência, algo que está *além*.

A oração como atenção e consciência

A palavra *attenzione* [atenção] tem a mesma raiz etimológica de *attesa* [espera]. Compreende-se, portanto, que o ato de *prestar atenção* não é simples *concentração*, *fixação intelectual* em determinado objeto, e sim *presença lúcida para si mesmo capaz de abrir para o discernimento da presença de Deus em si*. Em resumo, o ato de *atenção* leva à calma e à certa consciência do *Deus vivo em nós*.

Assim, estar "atento" pressupõe que se tenha deixado de lado qualquer outra preocupação, atividade e finalidade, para se voltar – *atentamente* – para o que já está presente e que só espera se realizar totalmente. Por isso, podemos identificar a atenção como uma atitude de *simples espera*: ser livres de tudo para que o *Todo necessário* possa se tornar grande em nós. Em outras palavras, esse deixar – "*soltar a presa*", como diriam os orientais – implica que se consiga viver um completo desapego, uma liberdade de tudo o que não está relacionado com essa espera.

Simone Weil, que refletiu bastante sobre o conceito de atenção, escreve:

> É preciso deixar o próprio pensamento disponível, vazio e permeável ao objeto esperado. Isso vale tanto para uma lição de matemática quanto para a espera de Deus (*Espera de Deus*).

Portanto, *atenção* é criar uma disposição interna para que Deus possa "*acontecer*".

É muito importante este verbo: *acontecer*, porque Deus não é o ser que vem de fora, como foi dito, de "*outro lugar*", mas presença que *acontece, cumpre-se* em nós e emerge de nós.

Mais uma vez Simone Weil:

> A esta altura, o que se pede é apenas um olhar atento em que a alma se esvazia de seu conteúdo próprio para acolher em si aquela realidade que só assim ela vê no seu aspecto verdadeiro (*Espera de Deus*).

A oração – mas na realidade toda a vida espiritual – é o momento em que somos chamados a despedaçar, a dissolver nosso próprio falso *self*, constituído por *desejos*, *imagens* e *pensamentos*, conscientes de que onde não houver mais o *eu*, lá estará Deus. Isso pressupõe – precisamente como a *espera-atenção* – o fim de todos os nossos pré-conceitos, a liberdade de toda opinião e, no caso da relação com Deus, o fim de toda imaginação possível de Deus, na medida em que esta será sempre uma "*imaginação preenchedora de vazios*" (Simone Weil).

Vazio como atenção

"O ser humano vazio é aquele que já não tem sequer um pensamento sobre Deus" (Mestre Eckhart).

Aqui, é necessário esclarecer o que se entende por *vazio*. Nós, ocidentais, temos a ideia de *vazio* como *ausência*, *falta* de alguma coisa. Simone Weil nos ajuda a compreender que é preciso entender o *vazio* mais como *pureza*, ou seja, plena disponibilidade para receber a luz, como um diamante – que certamente não é vazio – que se faz atravessar pela luz.

Para a pessoa de oração, é forte a tentação de *usar* Deus como *imaginação* que preenche os próprios vazios, para a satisfação das próprias expectativas ou a realização dos próprios desejos, como se a oração fosse uma moedinha para inserir na máquina de venda automática.

A tradição mística lembra que, no momento em que reivindicamos a *utilidade* de Deus, chegando talvez a dizer: *"Preciso de Deus"* – até mesmo para objetivos nobres e santos –, de fato nos colocamos fora do cristianismo, porque Deus – como o Amor e a beleza – continua a ser a realidade mais *inútil* que existe e é fundamentalmente *indisponível*.

Atenção significa, portanto, *estar presente*, e estar mais presente, estar presente agora, neste exato momento, com todo o seu ser e permitir-se ser atravessado por ele. Mas por que é tão difícil prestar *atenção*?

O problema fundamental, sobretudo para nós ocidentais, são os *pensamentos* gerados pela nossa mente. Ela é como um cão faminto que precisa roer continuamente alguma coisa; por isso produzimos e cultivamos pensamentos incessantemente, até mesmo quando dormimos.

Nossa mente está continuamente envolvida em confrontos, projetos futuros e lembranças passadas, com o grave prejuízo de perdermos o *momento presente*, a única realidade que existe verdadeiramente: de fato, o que foi antes já não é mais, e o que será depois ainda não é.

Ora, quando nos preparamos para rezar, somos atacados por um enxame de pensamentos que se amontoam em nossa mente. Começamos a pensar no que nos aconteceu um pouco antes ou então nos dispomos a planejar algo para o futuro. Mas Deus não está nem no passado nem no futuro, Deus simplesmente *é*. Ele *acontece* agora.

Por isso é importante não seguir, não cultivar os pensamentos que continuamente emergem em nossa oração. É preciso *se desapegar* de todos os pensamentos, inclusive, diz Eckhart, do próprio pensamento de Deus.

Agir, não ser impelidos e, portanto, perturbados

O que significa viver *com atenção* nos é ensinado pelas crianças, observadas enquanto brincam.

Naquele momento, elas estão tão concentradas no que estão vivendo que não haverá nada capaz de distraí-las. Nós, adultos, realizamos uma ação, sem, contudo, nos dedicar a ela, sem estar ali com o coração, constatando no final que podemos fazer muitas coisas no mesmo momento.

Na tradição *zen*, um discípulo pergunta ao mestre: "*Qual o segredo da felicidade?*", e o mestre responde simplesmente: "*Quando como, como; quando durmo, durmo*".

Isso não significa chegar à ataraxia, ou seja, à ausência de emoções; não significa ser imperturbável e não se deixar afetar por nada; não significa não sentir mais nada, nem alegrias, nem sofrimentos (essa era a filosofia dos epicuristas e dos estoicos), mas sim não ser subjugados, escravizados pela realidade que nos acontece. A questão é chegar a não ser "*impelidos*" e, portanto, perturbados pelo que vivemos, mas sim agir conscientemente.

A vida acontece, e nós não podemos escolhê-la. A história acontece, e pronto. Por isso, sempre teremos sensações agradáveis e desagradáveis; viveremos alegrias e dores, dramas e êxtases, mas isso ainda não é importante. O essencial será a maneira de nos relacionarmos com o que nos acontece. É isso que faz a diferença.

O Oriente convida a estar *completamente com a alegria* e *completamente com a dor*. E enquanto parece que aprendemos a lidar muito bem com a alegria, aprender a lidar com a dor significa estar com ela de maneira *"limpa"*, isto é, sem criar escapatórias tão fáceis quanto *improváveis*, mas apenas atravessando a realidade. Cada estação é bela em si mesma, só temos de atravessá-la.

Se você odeia o inverno e espera que passe depressa, deixou de viver uma grande parte de sua vida. A questão não é "pular", e sim "atravessar".

A dor, *o inverno da própria vida*, não deve ser "pulada", mas atravessada, vivida totalmente, até o fim. O *sofrimento* faz parte da própria aventura humana, é parte integrante dela. Quantas energias são gastas para evitá-lo, ignorá-lo, negá-lo... Mas somente ao atravessá-lo totalmente se experimenta a ressurreição, a vida encontrada e renovada.

O problema fundamental, que aqui podemos apenas citar brevemente, é que no Ocidente somos marcados por aquela doença – que tantos danos provocou e continua a provocar – que é o *dualismo*. Tudo é separado em *branco* e *preto*, *bem* e *mal*, *certo* e *errado*, *puro* e *impuro*, *santo* e *pecador*, *alegria* e *dor*, *saúde* e *doença* etc.

A unidade

A questão – e esse é um grande ensinamento evangélico – é chegar à unidade, ao ser Uno, a compreender que tudo é *unidade*, que no interior dessa unidade até a escuridão, a doença, o sofrimento e a dor têm direito à coexistência... Não se trata, portanto, de eliminar o que consideramos negativo, mas de integrar, abraçar, fazer coexistir, domesticar.

> O *conflito entre bem e mal* – *masculino e feminino* etc. – é parte integrante de toda filosofia. É o conflito já presente na nossa psique, porque o *superego*, sempre alerta, continua a se arvorar em juiz diante da vítima a ser condenada. O Oriente conhece o dualismo de *yin* e *yang*. No entanto, os dois elementos, embora contrapostos, se abraçam até formar uma unidade.
>
> Nas religiões teístas, tendemos a fazer uma separação muito clara entre *bem* e *mal*, entre *anjo* e *demônio*, *paraíso* e *inferno*. Os dois polos se opõem sem possibilidade de conciliação. *Paraíso* e *inferno* se anulam mutuamente. Eliminamos o *mal* de Deus[2]. No Oriente, a Realidade última é tanto boa quanto má. Sempre se apresentou um modelo inatingível e perfeito da vida dos santos, provocando muita frustração no nível de formação da personalidade. Não é de modo algum necessário que o ser humano seja perfeito. O importante é alcançar uma integralidade[3]. Se não conseguimos harmonizar esse dualismo presente em nós, continuamos expostos às forças destrutivas da luta em andamento (Willigis Jäger, *Suche nach dem Sinn des Lebens* [A essência da vida]).

---

2. É interessante que, em muitas passagens do Antigo Testamento, Deus é pensado simultaneamente como origem do *bem* e do *mal*. Cf. Isaías 45,7; Amós 3,6; 4,13; Jó 2,10; Siracides 11,14.

3. Sim, temos de nos tornar *integrais* – não integralistas –, ou seja, não destituídos de algum dos próprios elementos constitutivos: inteiros, completos.

Assim, a oração é possibilidade não de *eliminar* o que consideramos danoso para a nossa *salvação*, mas de atravessar a dor e o sofrimento, saindo deles diferentes, transfigurados.

Há uma bela passagem do Livro do Êxodo (Ex 33,18). Deus deseja mostrar a Moisés toda a sua glória, mas com uma condição: que, à passagem de Deus, Moisés entre na caverna, pois só assim perceberá Deus em toda a sua verdade.

É estranho, pois onde Moisés experimenta a escuridão, o frio, o vazio, precisamente naquela situação, Deus se manifesta a ele plenamente. E quando sai dali pode, finalmente, experimentá-lo.

> Suplicamos para chegar também nós a esta treva mais que luminosa, para ver por meio da cegueira e da ignorância, e para conhecer o princípio superior à visão e ao conhecimento precisamente porque não vemos e não conhecemos; de fato nisso consistem a real visão e o real conhecimento (Pseudo-Dionísio, *Teologia mística*).

É o que acontece também em nossa vida. O divino está cada vez mais perto de nós quando nos sentimos desesperados e abandonados. O processo de transformação parece seguir as suas regras e muitas vezes o que chamamos de depressão denota, na realidade, a presença de Deus. Evidentemente, o processo de transformação é doloroso. Só se conseguimos apreendê-lo não em termos de doença e de sofrimento, mas como processo de conversão, podemos compreendê-lo e suportá-lo (Willigis Jäger, *Suche nach dem Sinn des Lebens* [A essência da vida]).

A consciência

A oração também é caminho para a *consciência*. Mas de quê? Antes de tudo, de que dentro nós habita o nosso *princípio vital*.

> Creio que dentro de todos nós ainda há um vestígio daquela energia que se originou do nascimento do mundo; trazemos dentro de nós essa energia que criou o mundo (Fabrizio Guarducci, *Theoria*).

"*No princípio era o Verbo. [...]. Todas as coisas foram feitas por meio dele; sem ele, nada do que existe teria sido feito*" (Jo 1,1.3). Nós – e todas as coisas que existem – trazemos em nosso interior a centelha daquela mesma Energia que deu origem a todas as coisas.

> Infelizmente essa centelha foi sufocada cada vez mais com o passar do tempo quando usos, costumes, culturas, egoísmos e dogmas nos fizeram esquecer de onde viemos e negligenciamos todas as nossas energias espirituais. Na verdade, todas essas forças ainda estão dentro de nós, mas enfraquecidas, ocultas. Esta é a vida espiritual: trazê-las de volta à luz. Mas, para fazer isso, teremos de fazer um longo percurso para desconstruir todas aquelas crenças que nos permeiam e voltar à simplicidade originária. Quando é redescoberta a ligação estreita entre o ser humano e a energia primária que se encontra em nós, isso elimina todas as diferenças e as identidades se anulam; agora já não existe diferença entre Deus e o ser humano (Fabrizio Guarducci, *Theoria*).

> O *Logos* é eternamente gerado no coração do ser humano (Mestre Eckhart).

A oração, portanto, é esse lento caminho de *consciência* da nossa origem transcendente, da nossa identidade com Jesus Cristo, o *primogênito* (cf. Rm 8,29), de modo que ele seja formado em nós, precisamente como diz Paulo (cf. Gl 4,19), para que cheguemos a ser um outro Cristo.

> Não devemos nos tornar cristãos, devemos reconhecer que somos o Cristo. Cristo é o nome do homem novo (Willigis Jäger, *Suche nach dem Sinn des Lebens* [A essência da vida]).

O cristianismo não é um caminho de *adaptação*: "você deve fazer", mas sim de *cumprimento* e *configuração* com o princípio divino que nos habita. É um caminho de consciência: *perceba quem você é!* Ou, se quisermos, para dizer com Mestre Eckhart: *"Faça com que Deus seja grande em você"*. Esse é o grande desafio do cristianismo.

No fundo, o nosso verdadeiro *pecado original* é não nos dar conta do que somos e do que devemos nos tornar. Enquanto se tornar consciente disso significa interromper a satisfação do *ego*, uma vez que uma pessoa consciente não se limita a seguir o fluxo dos hábitos e não permite que a própria consciência siga esse curso arbitrário que *impediria* de ir até o fim.

Desse modo, tornar-se cristão significa tornar-se Deus, e tornar-nos conscientes disso é a tarefa da nossa vida. Toda a ética, ou seja, a nossa vida cotidiana, brotará dessa nossa lenta "ascensão" para o nosso cumprimento, o nosso caminho de cristificação. "*Agere seguitur esse* (o agir segue, é consequente ao ser)", dizia Tomás. Assim desmorona um certo moralismo estagnado que insistia tanto no bom comportamento, pensando que por si só fosse suficiente para tornar bom o ser humano.

mento, o nosso caminho de cristificação. Agir seguir esse (o agir segue, é consequente ao dizia Tomás. Assim desmorona um certo moralismo estagnado que insistia tanto no bom comportamento, pensando que por si só fosse suficiente para tornar bom o ser humano.

A meditação

O termo *meditação* é a forma intensiva do verbo *mederi*, que significa curar, sanar, remediar, de onde provêm médico e medicina.

A *meditação* é obra de cura. Podemos defini-la como uma *via negativa de oração*. De fato, há uma via *positiva*, feita de pedidos, agradecimentos, intercessões, ritos etc., e precisamente a *meditação*, que é a via *negativa*, ou, se quisermos, *passiva* da oração, uma vez que não pede nada, não agradece por nada, não intercede em favor de ninguém, em suma, não é voltada para o cumprimento de nada. A *meditação* é um caminho simples para a verdade, no sentido de que conduz ao Deus presente no *fundo do coração*, que ali deseja apenas desabrochar.

Parece-nos difícil *não fazer nada* durante a oração, não dizer nada, não imaginar, não agradecer, não pedir ou suplicar. Por isso, a *meditação* torna-se algo difícil e complexo, mas isso apenas porque é incri-

43

velmente *simples*. Na oração de *meditação* não se trata de *produzir* alguma coisa, mas de deixar que a *verdade* já presente em nós se cumpra, possa emergir e agir. Uma imagem pode nos ajudar a explicar isso: para obter uma estátua, o escultor cria por meio da subtração; de um bloco de mármore elimina a matéria, subtrai e assim surge a imagem que já está ali dentro.

> Aprender a meditar significa aprender a desaprender. Deus é Uno, e a oração cristã foi definida como o caminho da unificação, do se tornar "um", um como o Uno que é Único. A dificuldade é abandonar, deixar para trás toda complexidade. Estamos acostumados à complexidade porque fomos educados a acreditar que quanto mais aperfeiçoada a técnica, mais impressionante é o resultado; mas o aperfeiçoamento da técnica aumenta a complexidade, ao passo que aperfeiçoando a disciplina chegamos à simplicidade. E Jesus nos exorta a nos tornar simples, a ser como crianças.
>
> A oração cristã é um estado de inocência: quando meditamos, vamos além de todo desejo, de toda possessividade, de todo sentimento de culpa ou complexidade. Deus é Uno e o aspecto extraordinário do anúncio cristão é a nossa vocação a sermos um com ele, nele e graças a ele.
>
> Meditando, não fazemos senão abrir o coração à pura realidade daquele fluxo de amor. Onde estamos, quando meditamos? Estamos em Deus. E onde está Deus? Ele está em nós. Com toda simplicidade, é essa a profunda convicção da Igreja originária, de todos os discípulos de Cristo. A presença no nosso coração é a de

Cristo vivo, e a tarefa suprema de todo ser vivo que pretenda realizar-se plenamente no plano humano é a de se abrir para essa presença (John Main, *O caminho do não conhecimento*).

Confiar-se

A meditação é simples entrega ao Cristo já presente em nós, *"luz que resplandece nas trevas"* (Jo 1,5). Através da meditação, essa *luz, energia infinita* presente em nós, ilumina todo o nosso ser, e por isso meditar não é outra coisa senão caminho para a *iluminação*. Em certo sentido, tornamo-nos *diáfanos* e não porque nos dedicamos a realizar um ato moral, mas antes por meio de um *não fazer*, um *não agir*.

Para nós, ocidentais, é impensável que se possa *"agir não fazendo"*. O caminho do Tao, por exemplo – estamos na tradição taoísta – ensina que, na realidade, chegamos à própria verdade através de uma ação que é *não ação* (*Wù-wéi*), atividade sem ação que nasce de uma vida baseada no Tao, o Ser por excelência. Essa é uma *quietude criativa*, comparável à atividade de um artista, que cria quando não está em ação, enquanto o construtor age por meio de cálculos e seguindo regras. *"O artista, quanto menos opera, tanto mais cria"* (Leonardo da Vinci).

O *Wù-wéi* é apenas a possibilidade de abertura para a voz do Tao que está no interior de cada um de nós.

Para a filosofia taoísta, as pessoas só existem autenticamente na medida em que deixam que o Tao atue em seu interior. Segundo a tradição cristã, podemos resumir tudo isso com a afirmação fundamental de Paulo: "*Vivo, não mais eu, mas Cristo vive em mim*" (Gl 2,20).

Oração de pobreza

É por isso que a meditação também é definida como *oração de pobreza*. Ela se afirma quando *intelecto, memória, sentidos* e *vontade* se calam. Trata-se de uma oração que tenta desintegrar o *ego* e o desejo, o nosso maior engano. Meditando deixamos de ter expectativas, de produzir imagens, de dizer palavras: um arsenal que, afinal, impede a luz de brilhar. Meditar é *estar ali*, fazer *silêncio*, viver a quietude para que a obra se cumpra. Chegamos, assim, ao núcleo da *meditação*: deixar *acontecer* uma Presença em nós, e quando nos tornarmos conscientes dela, chegará o momento da *experiência*. De fato, só podemos fazer experiência de Deus. Cassiano nos lembra de que não chegamos à experiência pela reflexão ou pelas palavras que se enredam na memória:

> Porque a natureza dessas coisas não pode de modo algum ser vista ou ensinada ou conservada na memória por intermédio de uma reflexão inútil ou uma simples palavra, uma vez que aqui quase tudo se baseia na experiência. E como essas coisas só podem ser ensinadas por aqueles que fizeram experiência delas, assim

só podem ser apreendidas e compreendidas por aqueles que se esforçam em aprendê-las com a mesma diligência e a mesma disciplina (Cassiano, *Collationes*, Prólogo).

Oração de fé

Por isso a meditação é uma oração de *fé*. É preciso *crer* que essa obra, ação da Presença, à medida que se vai realizando em nós, que há algo que está trabalhando, que está iluminando, está criando.

Provavelmente é nesse sentido que devem ser compreendidas as palavras de Jesus: "*Se alguém quer vir após mim, negue-se a si mesmo, tome a sua cruz e siga-me*" (Mc 8,34).

"*Negar a si mesmo*" significa abandonar progressivamente o falso *eu*, aquele *ego* que impede que o divino em nós possa emergir e nos vivificar; significa "*largar a presa*", para usar as palavras dos orientais. Quando mais se permite que o *ego* (feito de imagens, palavras, pensamentos, projetos, desejos...) se desintegre tanto mais emerge o verdadeiro eu. Chegamos, assim, a experimentar como a nossa *natureza essencial*, o Eu autêntico, o *Eu sou*, é uma realidade muito mais profunda que o *ego*, o *falso eu* superficial feito de intelecto, de sentidos e vontade.

Vamos relembrar algumas passagens do Novo Testamento que possam nos ajudar a entrar nesta verdade do "*já dado*" e a considerar o ser humano como morada desse princípio vital, vivificante e anterior a qualquer mérito ou conquista pessoal.

"*O reino de Deus está entre vós!*", que literalmente poderia ser também traduzido por "*dentro de vós*" (Lc 17,21); "*E a esperança não decepciona, porquanto o amor de Deus foi derramado em nossos corações pelo Espírito Santo que nos foi dado*" (Rm 5,5); "*No entanto, vós não estais sob o domínio da carne, mas do Espírito, uma vez que o Espírito de Deus habita em vós*" (Rm 8,9); "*Não sabeis que sois templo de Deus e que o Espírito de Deus habita em vós?*" (1Cor 3,16); "*Vivo, não mais eu, mas Cristo vive em mim*" (Gl 2,20); "*Um só Deus e Pai de todos, o qual é sobre todos, atua por meio de todos e está presente em todos*" (Ef 4,6)[4].

Precisamos despertar para a maravilha e a beleza do nosso ser, para a verdade, para o fundo do nosso coração habitado, para o mistério da vida pessoal de Jesus presente no coração, no centro do meu ser.

> Como finalidade principal, o cristão tem a de realizar o Reino de Deus, ou seja, o poder do Espírito de Jesus no próprio coração. Mas não é possível fazer isso com as próprias forças e com o pensamento. Podemos apenas chegar a uma meta mais próxima: à pureza do coração. Todo o resto nos será dado (João Cassiano, *Conferências aos monges*).

---

4. Cf. 2Cor 13,5; Rm 15,5b; Cl 1,27; Gl 4,6; 2Tm 1,14; 1Cor 3,11.

Com a *meditação,* tomamos consciência de que não se produz Deus *pensando-o.* Deus já está presente em nós.

> Tu [Deus] estavas dentro de mim mais do que o meu mais íntimo e mais alto do que a minha parte mais alta (Agostinho, *As Confissões,* III, 6, 11).
>
> Não te encontrava, Senhor, do lado de fora, porque de forma equivocada buscava-te fora, enquanto estavas dentro (João da Cruz, *Cântico espiritual,* I, 6).
>
> Deus é infinitamente próximo e presente em toda parte. A imensidão de Deus é o atributo essencial que nos permite percebê-lo em todo o Universo, em nós e ao nosso redor. Se é permitido modificar ligeiramente uma palavra sagrada, diremos que o grande mistério do cristianismo não é exatamente a Aparição, mas a Transparência de Deus no Universo (Teilhard de Chardin).
>
> Não podemos apreender Deus com a reflexão. Podemos amá-lo, mas não pensá-lo. O amor pode compreendê-lo e apreendê-lo, mas não o pensamento (Anônimo do século XIV, *A nuvem do não saber*).

Educar-se para o desapego

Meditando, começamos a tomar consciência de que é possível viver *"sem"*. Sem todo o arsenal que considerávamos indispensável para poder ser, nos afirmar, ser considerados: *"O ser humano começa a viver na medida em que deixa de se sonhar"* (Pablo D'Ors, *Biografia do silêncio*).

Aprenderemos a viver *sem* aquelas ações consideradas indispensáveis para entrar em contato com o próprio Deus, ou melhor, a meditação levará a fazer cessar a própria busca de Deus. De fato, para Eckhart, a busca de Deus é inútil e o próprio desejo de *fazer experiência do nascimento de Deus em nós* impede o ser humano de se aproximar de Deus. "*Quanto mais te buscamos, Deus, menos te encontramos. Deverás buscar Deus de maneira a não o encontrares em parte alguma. Se não o buscares, o encontrareis*" (*Obras alemãs*). Para Eckhart (como, aliás, para qualquer mestre *zen*), Deus "*se não o buscas, o encontras*".

A experiência espiritual se move demasiadamente no nível do *ego*. O ser humano sempre é levado a obter alguma coisa, a experimentar, a "sentir". Só quando abandonarmos todas as coisas, todo desejo de *sentir*, de *experimentar*, estaremos prontos para o acontecimento do divino em nós. *Toda prática é um exercitar-se a abandonar a presa, uma educação para o desapego*. Assim que o ser humano atingir o desapego e finalmente estiver *vazio*, Deus deve derramar-se nele. O estar prontos e o derramar-se ocorrem no mesmo instante. "*Eis por que Deus deve necessariamente dar-se a um coração desapegado*" (*Obras alemãs*). Depois que o ser humano abandonou o próprio eu, *ego* ou *falso eu*, aparece o divino no fundo de sua alma.

Cassiano lembra aos seus monges que: "*Quando se reza corre-se o grave risco do antropomorfismo*".

Em outros termos, o risco de colocar Deus no nosso nível, transformá-lo em um confortável ombro para derramar as nossas lágrimas, em um *"conveniente ídolo que proteja do abismo da sua alteridade".*

São Serapião, monge do século IV que lentamente se introduziu nessa via de espoliação das imagens e dos pensamentos sobre Deus, chega a escrever: *"Tiraram de mim o meu Deus e agora não tenho ninguém em quem possa confiar, não sei quem adorar, nem a quem me dirigir".* Essa foi a salvação de Serapião.

Para que algo possa nascer, primeiro deve morrer.

Mil anos mais tarde, na sua belíssima oração, Mestre Eckhart suplicará: *"Deus, liberta-me de Deus".*

> Para tirar de Deus toda característica das necessidades do ser humano, Eckhart vai tão longe quanto, talvez, nenhum outro antes dele no mundo cristão, e não tem medo de designar Deus como "nada": *"quando Paulo viu o nada, então viu Deus"* (*Sermões alemães*).
>
> O significado primordial dessa identificação do ser de Deus com a pureza do Uno é a rigorosa falta de determinações, de propriedades, de imagens, de "modos", de Deus enquanto Uno.
>
> Eckhart fala frequentemente de *Deus nudus*, do Ser de Deus como de um estar nu. Se vemos alguma coisa em Deus, se vemos Deus como alguma coisa, aquele não é Deus. Deus, o Uno, é desprovido até mesmo de toda conotação espiritual, como as chamadas *perfectiones generales*: "Bom, verdadeiro, verdade, bondade e semelhantes não se aplicam propriamente a Deus, já que acrescentam algo a Deus" (*Sermões alemães*). […]

> Enquanto Uno, Deus é também livre dos atributos trinitários, como Potência, Sabedoria, Amor. Na sua pureza, não pode nem sequer ser chamado com os nomes divinos trinitários: Deus não é "Pai, nem Filho, nem Espírito Santo". É uma "não pessoa", ou melhor, "um não Deus". [...]
>
> Deus é o nada; não no sentido de ser desprovido de ser, mas sim no sentido de que não é nem isto nem aquilo, que se possa dizer – é um ser acima de todo ser. É um ser sem modo (Marco Vannini, *Introduzione a Eckhart* [Introdução a Eckhart]).

A esse respeito, são esplêndidas e fortes as palavras do grande místico Pseudo-Dionísio:

> Continuando em nossa ascensão, dizemos que a "causa universal" [Deus] não é nem alma, nem inteligência, e não tem nem imaginação, nem opinião, nem palavra, nem pensamento; que ela mesma não é nem palavra, nem pensamento; e que não é objeto nem de discurso, nem de pensamento. Não é nem número, nem ordem, nem grandeza, nem pequenez, nem igualdade, nem desigualdade, nem semelhança, nem dessemelhança; não está parada, nem se move, nem permanece quieta, nem tem uma força, nem é uma força; não é luz; não vive e não é vida; não é nem essência, nem eternidade, nem tempo; não admite nem mesmo um contato inteligível; não é nem ciência, nem verdade, nem reino, nem sabedoria; não é nem uno, nem unidade, nem bondade; tampouco é espírito, pelo que sabemos dela; não é nem filiação, nem paternidade, nem alguma das coisas que podem ser conhecidas por nós ou por algum outro ser; não é nenhum dos não seres e nenhum dos seres, nem os seres a conhecem enquanto existe;

> e tampouco ela conhece os seres enquanto seres. A respeito dela, não existem nem discursos, nem nomes, nem conhecimento; não é nem treva, nem luz; nem erro, nem verdade; a propósito dela, não existem nem afirmações, nem negações: quando fazemos afirmações ou negações "acerca das realidades que vêm" depois dela, nós não a afirmamos, nem a negamos. De fato, a causa perfeita e unitária de todas as coisas está acima de toda afirmação; e a excelência daquele que está absolutamente desvinculado de tudo e acima de tudo é superior a toda negação (*Teologia mística*).

Escreve Eckhart: "*Por isso peço a Deus que me liberte de Deus, porque o meu ser essencial está acima de Deus*". E ainda:

> O ser humano deve abandonar até a vontade de fazer a vontade de Deus, deve ser tão pobre a ponto de não reconhecer e sentir nem sequer que Deus vive nele e que Deus quer ser aquele lugar no interior do ser humano no qual Ele atua.

Por sua vez, assim se expressa o poeta Kabir (século XIV):

> *A lua resplandece em mim,*
> mas os meus olhos cegos não podem vê-la.
> A lua está em mim, assim como o sol.
> O tambor virgem da eternidade
> *ecoa em mim*:
> mas meus ouvidos surdos não podem ouvi-lo.
> Enquanto um ser humano grita
> "Eu" e "meu"
> *suas obras são nulas.*
> Quando todo o amor pelo "Eu" e pelo "meu"
>   está morto
> *se cumpre a obra de Deus.*

A meditação é a arte da espera, não do que eu espero, mas daquilo que deseja me alcançar. Enquanto desejo que me alcance aquilo que eu penso, desejo, imagino, o que verdadeiramente gostaria de mergulhar em mim não pode fazê-lo, por estar impedido pela imagem do meu desejo.

> Você é o que sobra quando os seus pensamentos desaparecem. Não há nada mais danoso que um ideal e nada tão libertador quanto a realidade (Pablo d'Ors, *Biografia do silêncio*).

Transformação

A *meditação* não é tanto um *"estar com Deus"*, mas um *"ser em Deus"*.

Eu sou *nEle* e, portanto, torno-me a pessoa que devo e quero me tornar. Como o ferro que é inserido no fogo se torna fogo e não consegue mais se distinguir dele.

Pedro intuiu algo disso quando, no monte da transfiguração, exclamou: *"É bom estarmos aqui"* (Mc 9,5). A meditação é *fazer experiência*, entrar em contato com o princípio transformador, é momento de *transformação*, de *transfiguração*.

Afirmou-se que pode ser definida como oração de pobreza, mas também de infinita riqueza. Eu me empobreço de tudo, mas me enriqueço dEle, do *tudo* que emerge de mim e me transforma nEle. E isso não significa autonegação, frustração, anulação..., mas exaltação da própria pessoa. É a descoberta de uma infinita riqueza em nós, uma riqueza *outra*: *"Vivo, não mais eu, mas Cristo vive em mim*" (Gl 2,2) ou, para dizê-lo com Santa Catarina de Gênova: "*O meu eu é Deus. Só nele me conheço*".

> Teu Espírito se misturou com o meu, como o âmbar com o musgo perfumado. Se algo Te toca, me toca: não há mais diferença, porque Tu és eu [...].
> Vi meu Senhor com os olhos do meu coração. Perguntei-lhe: "*Quem és?*", me disse: "*Tu!*" (Husayn ibn Mansur Al-Hallag, mestre sufi).

Jesus afirma: "*Quem perder a sua vida por minha causa a encontrará*" (Mt 16,25). Quem morrer para si mesmo, experimentará o nascer de Deus em si, ou seja, do seu *verdadeiro Eu*. E esse momento coincidirá com o *próprio despertar*. "*O nosso despertar é um despertar de Deus e a nossa ressurreição é uma ressurreição de Deus*" (João da Cruz). Quando deixarmos Deus agir em nós completamente chegaremos ao nosso despertar total e à nossa ressurreição definitiva.

Deus luta em nós para poder desabrochar. A *meditação* é permitir que o faça.

> O místico Eckhart dizia: "*Chamo de Deus o que está no fundo de nós mesmos e no ponto mais alto das nossas fraquezas e dos nossos erros*". E Marguerite Yourcenar afirmava que só quem morre "*sabe dar um nome ao Deus que traz dentro de si*". Aceitar que *todo ser humano é um embrião de Deus* e que *a casa de Deus é apenas o coração do ser humano* é muito mais difícil do que aceitar um Deus *onipotente* fora da nossa vida e da nossa história.

Sentir *Deus dentro de si* é assumir uma responsabilidade que poucos estão dispostos a aceitar.

Melhor confiar-se ao Deus dos dogmas e das igrejas. É bem mais difícil ser fiéis à própria *consciência* do que às leis externas, pelo simples motivo de que a *consciência* é a mais exigente de todas as leis.

Não podemos ludibriá-la, como podemos fazer com as Leis. Ela é mais severa; é nossa parte mais profunda, que nos diz com clareza e com plena autenticidade quando somos infiéis ao melhor de nós.

Os cristãos pregam uma "loucura" na qual nem mesmo eles acreditam totalmente: que Deus "se fez carne" e, portanto, dor, mas também alegria, prazer, amor. Em todas as suas expressões. Do contrário, se teria feito anjo, espírito. Não. Ele se fez homem, com todas as suas consequências, com todas as suas misérias e suas sublimidades. Por isso, o dado mais certo de toda religião seria que Deus é apenas o que de divino o ser humano carrega dentro de si (Juan Arias, *O Deus em quem não creio*).

Morrer para si mesmos

A meditação, dissemos acima, é um *caminho de morte* do eu, o momento em que tudo cai, despedaça-se, deixa de elevar-se como indispensável e vital, e onde o *essencial* pode finalmente emergir e se afirmar.

"*Quem sabe morrer em todas as coisas terá a vida em todas as coisas*" (João da Cruz).

Na meditação, não experimentamos nada, não sentimos nada, não nos agarramos a nada, já não existem apoios. Ela é *puro silêncio*, quietude, vazio, instante em que tudo é reconduzido à origem; meditando, somos em certo sentido reconduzidos ao momento que vivemos antes de vir ao mundo: antes que existíssemos, antes de conhecer a luz, de ter um nome, de dizer a primeira palavra, antes de dizer Deus.

> Todas as vezes que nos sentamos para meditar, morremos para nós mesmos e ressurgimos além dos nossos limites pessoais para a nova vida em Jesus Cristo. Sabemos muito bem que a sua vida presente em nós, o seu Espírito que habita em nossos corações, são reais e energia indispensável para o nosso *crescimento*. Também sabemos que só podemos alcançar o nosso pleno potencial se estamos bem arraigados nessa realidade, arraigados nesse amor e alimentados por sua força (John Main, *O caminho do não conhecimento*).

Meditação e orações

A esta altura, poderia surgir uma pergunta: *"Mas todas as outras orações devem ser descartadas?"*. Não, de modo algum. A oração de agradecimento, de intercessão, de invocação continuam a ser orações importantes, como veremos mais adiante.

John Main convida a pensar em uma roda cujos raios são todos os vários tipos de orações que se concentram, dirigem-se para o meio da roda: o centro é Cristo.

A meditação é já estar em Cristo. A meditação pula as mediações. Não nos serve de meio para chegar ao centro, é já residir no "oratório" *interior* em que Cristo reza em nós: assim, sua oração se torna fonte da minha oração.

Parafraseando São Paulo, podemos dizer: *"Não sou eu que rezo, mas é Cristo que reza em mim".*

Cristo reza em mim e eu me uno a Ele. Quanto mais abandono *as* orações, mais vivo *a* oração, e a vivo não como uma ação minha, não sou eu que falo a Deus, mas estou na atitude de escuta da Sua palavra em mim. Não olho para Ele, mas é Ele que vem ao meu encontro.

> Vocês, por sua vez, não façam nada; permitam apenas que Ele atue em sua alma (W. Hilton, *apud* Willigis Jäger, *Suche nach dem Sinn des Lebens* [A essência da vida]).

Uma vela, consumindo-se, ilumina. Na meditação, temos de ficar parados, deixar-nos consumir e reestruturar; aceitar uma pausa em que, "não querendo", somos iluminados.

> A *meditação* concede uma consciência da verdadeira natureza da vida, a realização do verdadeiro Eu, que é imortal e eterno. [...] O ser humano, tendo uma mente *atômica*, é capaz de fazer emergir de dentro de si um infinito poder, que jaz nos abismos mais profundos do seu ser interior, num estado de oculta potencialidade.
>
> [...] Temos de meditar sobre aquela Realidade, devemos mergulhar em Deus, absorver-nos totalmente em Deus e fazer que a mente seja inteiramente saturada e imersa em Deus.

Para nós, o processo de meditação é como tornar-se completamente saturados. É precisamente como pegar um pano branco e mergulhá-lo num tanque totalmente cheio de cor. A meditação é um processo semelhante. É mergulhar todo o nosso ser, toda a nossa personalidade, na cor da Divindade. É dirigir toda a nossa natureza humana, toda a nossa natureza física, na natureza de Deus.

[...] Vocês têm essa oportunidade de um nascimento humano que lhes é dada pelo Supremo para meditar e realizá-lo. Não deixem passar um único dia sem meditar. Não importa quantos obstáculos possam existir, não importa quão desfavorável possa ser o ambiente que nos cerca, não pensem nem nos obstáculos, nem no ambiente desfavorável. Reservem um tempo a cada manhã e noite para se dirigirem para dentro, no silêncio, e se aproximarem cada vez mais dEle em oração. Vocês podem tomar o tempo da eternidade e criá-lo. Conseguirão tirar vinte e cinco horas das vinte e quatro do dia.

[...] Talvez no início começar a criar esse hábito de meditar tome um pouco de tempo, e vocês talvez achem que não há tempo para atividades extras. Abandonem essas outras atividades e entretenimentos sem hesitar. No entanto, vocês logo começarão a observar que essa meditação, que inicialmente toma tanto do seu tempo tão importante, agora o devolve – e com juros. Isso é algo que vocês devem experimentar (Swami Chidananda, *Voi siete pura coscienza* [Sois pura consciência]).

Três tipos de oração

A oração de petição

A *oração de Jesus*, como se depreende do Evangelho, nunca é uma *oração de petição*. A oração evangélica não é um ato mágico, uma espécie de troca ou um comércio. Rezar não provoca nenhum efeito em Deus, não *muda* nada nEle, mas sim em quem reza. Ao ser perguntado sobre o que a oração era para ele, o padre Giovanni Vannucci respondeu que a oração é uma *transfiguração* do nosso ser.

> Se perguntamos é porque ainda vivemos no mundo da dualização. Mas quando superamos este mundo da dualidade, então sentimos que Deus vive em nós, que o espírito vive em nós e que Cristo está presente no nosso sofrimento humano e também nas nossas aspirações mais profundas. Então começamos a ascender. Portanto, a oração não é um *ato*, mas um *estado*, um modo de ser... Qual é a oração de uma árvore, da cerejeira? A de encher-se de flores e de frutos (Giovanni Vannucci, *Pregare* [Rezar]).

"*Quando rezardes, não multipliqueis as palavras, como fazem os pagãos, que pensam que, por muito falarem, serão ouvidos. Não sejais semelhantes a eles, porque o vosso Pai sabe do que precisais, antes mesmo de fazerdes o pedido*" (Mt 6,7-8).

A oração de *petição* é uma oração que *educa*. Educa a passar da *necessidade* à *realização*. Uma espécie de *transfiguração* da necessidade, poderíamos dizer. Como se o orante colocasse uma distância entre si mesmo, a sua situação, a *necessidade urgente* que se torna oração e a realização daquilo que pediu. Estabelece uma espécie de espera entre sua carência, a própria *necessidade* e sua *realização*, introduzindo um "*terceiro*" entre o que se pediu e a obtenção disso.

Paradoxalmente, portanto, a *oração de petição* não visa obter o que pede, mas invoca a afirmação da presença de um Outro, porque quem reza, no fundo – diz Paulo –, "*não sabe nem sequer o que convém pedir*" (Rm 8,26; cf. Ef 3,20).

A oração de petição invoca que se faça experiência da Presença em nós que dará não tanto o que se pediu, ou seja, a *própria necessidade*, mas o que é *objetivamente* o *bem* para o orante. Por isso, a oração de petição é, de um lado, uma purificação das *necessidades* e, de outro, um fazer de si mesma uma espécie de *abraço acolhedor* para o que Deus quiser conceder. Ela deixa Deus livre para ser Deus e atendê-lo de acordo com a própria medida.

"Pedi e vos será dado; procurai e achareis; batei na porta, e ela se abrirá para vós. Porque todo aquele que pede, recebe. O que procura, encontra. A quem bate, se abrirá a porta. Quem de vós dará uma pedra ao filho que pede pão? Ou uma serpente ao que pede um peixe? Ora, se vós, que sois maus, sabeis dar boas coisas aos vossos filhos, quanto mais o vosso Pai que está nos céus dará boas coisas aos que lhe pedirem!" (Mt 7,7-11). Aqui Jesus diz: *"Pedi"*, mas sem explicitar o que pedir, e acrescenta: *"vos será dado"*, mas sem dar a entender que será dado precisamente o que se pediu.

"De fato Deus não realiza todos os nossos desejos, mas as suas promessas" (Dietrich Bonhoeffer).

A oração de agradecimento

Toda oração de *agradecimento* obviamente é precedida pelo *reconhecimento do presente*. À *gratuidade* de Deus, o ser humano responde com a *gratidão*.

> Ver a vida como um presente, e, portanto, ser gratos, significa vê-la como a esplêndida roda de oportunidades que ela é [...]. Em poucas palavras, ver a vida como um presente significa ser gratos, ser repletos de gratidão pelos convites que a vida nos oferece continuamente. Mas ser assim repletos, experimentar essa plenitude, significa experimentar algo que faz parte de nós no nível das raízes. Ser gratos significa ser radicais, porque o agradecimento não pode ser contido nem medido cautelosamente. O agradecimento brota espontaneamente em jorros como uma resposta livre e por vezes louca.

> Do ponto de vista de um crente como eu, que acredita nas Escrituras judaicas e cristãs, a vida é realmente um presente. O termo cristão para dizer vida é "graça", que em muitas línguas é semelhante à expressão "dar graças", no sentido de agradecer. Acreditar significa crer que a vida é cheia de graça, que cada criatura é uma beleza esperando ser descoberta, que não espera nada além de nos encantar (Matthew Fox, *Prayer: A radical response to life*).

Gosto de pensar que a forma mais elevada de oração como *agradecimento* é viver a vida em plenitude, assim como ela é, um sim *radical* e *incondicional* à vida como um todo!

No fundo, a oração de agradecimento é isto: um sim radical à vida!

A Bíblia nos mostra que os hebreus não tinham uma palavra para dizer "*obrigado*"; tinham apenas a atitude de *louvor* a Deus para expressar o seu agradecimento. Mas o que significa *louvar* o doador da vida, senão viver de modo pleno e completo a própria vida? Quem recebe um presente, agradece não tanto verbalmente, mas usando e aproveitando plenamente aquele presente. Se uma mulher recebesse de seu amado um anel precioso e, mesmo dizendo-lhe um "obrigada" com palavras, depois colocasse o presente em uma gaveta, certamente não mostraria gratidão. Ela o faria, ao contrário, se o usasse e desfrutasse dele em cada momento. A melhor maneira de responder ao dom da vida é vivê-la plenamente, aproveitando suas múltiplas possibilidades, não deixando passar nada, mas bebendo sua seiva até a última gota, e derramando-a sem cessar sobre os outros.

É o que expressa esplendidamente a parábola evangélica dos talentos (cf. Mt 25,14-30). Todos receberam a vida como presente, cada um com a sua capacidade (representada pelos talentos). Cada um *agradece, louva* o doador, vivendo essa vida, compartilhando-a, enriquecendo-a, desfrutando-a, transformando-a em tesouro. De fato, no final todos terão uma vida multiplicada. Todos, exceto um, que *escondeu* a sua vida, não apostou nela, não a aproveitou, conservando-a assim como a recebeu. Provavelmente até limpa, intacta, mas não vivida. E enquanto aos outros será dado ainda mais porque aproveitaram a vida, transformando-a em um ato de *fecundidade*, a este será tirado até o que tinha, porque a devolveu estéril e infecunda.

A oração de agradecimento implica *silêncio* e *pausa*. "*Parem e saibam que eu sou Deus*" (Sl 46,10). Se paro, acontece o milagre.

JHWH disse a Elias: "*Saia e fique parado no monte na presença do Senhor*" (1Rs 19,11). Parar é a condição para poder fazer experiência. "*Deus caminha a pé*", repetia o Mahatma Gandhi. Por isso, agradecer é *parar* e cuidar dos detalhes, porque "*Deus está nos detalhes*" (Ludwig Mies van der Rohe).

A oração de agradecimento também ajudará a perdoar. De fato, se crescemos espiritualmente, percebemos que realmente *"tudo é graça"*. Podemos agradecer por tudo, até pelo mal recebido. Porque tudo o que se viveu, até as zonas obscuras, contribuiu para fazer de nós o que somos.

> Nós não somos melhores que uma planta. O objetivo de uma planta é dar frutos antes de morrer. Nós também. Devemos agradecer aos que nos fizeram algum mal, porque não seríamos os homens e as mulheres que somos agora (Luigi Verdi, *La realtà sa di pane* [A realidade tem gosto de pão]).

"Tudo o que acontece é adorável", dizia Teilhard de Chardin, ou, para usar as palavras de Paulo: *"Todas as coisas contribuem para o bem"* (Rm 8,28).

A oração de intercessão

A oração de intercessão, ou seja, rezar para outra pessoa ou por uma situação especial, por exemplo, *por uma pessoa doente, pelos próprios familiares, pela paz, pelas vítimas de violências ou calamidades naturais, pelo papa...* é talvez a forma de oração mais praticada pela pessoa religiosa, mas ao mesmo tempo também é a mais problemática: o que significa verdadeiramente *"rezar por"* ou *"interceder em favor de"*? O que a minha oração acrescenta à pessoa por quem rezo, ou o que pode modificar da situação que me comprometi a ajudar a resolver? Podemos realmente pensar que Deus, ouvindo a minha oração, se deixe vencer por minha insistência e assim possa intervir por aquela determinada situação?

Deus pode ter necessidade da minha oração? Podemos acreditar que a minha oração alcance uma graça especial, para o papa, por exemplo, uma vez que ele recebe orações provenientes de todos os lugares do mundo? Então, um coitado esquecido por todos, por quem ninguém reza, receberá menos ajuda por parte de Deus do que o papa? É impossível acreditar nisso! Por isso é tão complexo abordar a *oração de intercessão*.

Vamos partir de uma simples constatação: estamos todos *conectados*. Não somos ilhas. A pessoa de oração considera o mundo como uma grande rede de relações, uma espécie de *network* relacional, em que cada um é, de algum modo, *dependente* dos outros. "*Quem mexe em um fio de grama perturba uma estrela*", diz um antigo provérbio. Podemos pensar que o mal cometido por um único ser humano tem inevitavelmente uma consequência sobre toda a humanidade como, segundo os cientistas teóricos do "efeito borboleta", "*o bater de asas de uma borboleta no Brasil poderia provocar um tornado no Texas*" (Edward Lorenz). Ora, se isso é verdade para o mal, será ainda mais verdadeiro para o bem. De fato, o bem realizado por um indivíduo tem uma consequência igualmente significativa sobre toda a humanidade, pelo próprio fato de ter sido realizado. O bem é *difusivo por si mesmo*, diz Santo Tomás. Compreendemos, portanto, que a oração pessoal, que é participação no Bem que está em nós, é compartilhada – em virtude dessa conexão com o mundo inteiro – com todos os seres humanos. A oração não é um ato que tem consequências apenas para o orante, mas para todos. Ilumina, faz brilhar de *divino* não apenas o orante, mas toda a criação.

No entanto, é preciso ter cuidado para que a oração nunca seja um ato de desresponsabilização. A autêntica oração de intercessão convoca a um compromisso concreto de bondade para com o outro.

Inter-ceder significa *colocar-se entre, no meio* de duas ou mais pessoas, em favor de uma delas.

A esse respeito é interessante resgatar uma passagem do diário daquela figura extraordinária que foi Etty Hillesum, jovem judia holandesa morta em Auschwitz em 1943 com 29 anos de idade. No início dos horrores da Shoah, em 11 de julho de 1942 (era Shabbat), ela escreveu: "*Se Deus deixar de me ajudar, então eu ajudarei Deus*". E no dia seguinte, um domingo, escreveu, sempre em seu diário, uma longa oração:

> Vou tentar ajudá-lo para que não seja destruído dentro de mim, mas de antemão não posso prometer nada. Uma coisa, porém, torna-se cada vez mais clara para mim, ou seja, que você não pode nos ajudar, mas somos nós que devemos ajudá-lo, e assim ajudamos a nós mes-

mos... Parece que você não pode fazer muito para mudar as circunstâncias atuais, mas elas também fazem parte desta vida. E quase a cada batida do meu coração, aumenta a minha certeza: você não pode nos ajudar, mas cabe a nós ajudá-lo, defender até o fim a sua casa em nós.

Interceder está relacionado com *interesse*. Deus deseja que nós mesmos intercedamos pelos outros, no sentido de *nos interessarmos* pelo outro por quem rezamos. Como se na origem de toda oração de intercessão estivesse aquela pergunta: "*Caim, onde está teu irmão Abel?*" (Gn 4,9). A oração de intercessão pede que o orante faça todo o possível para que a vida do outro possa ser curada de suas feridas mais profundas.

O Senhor não mostra o seu rosto, mas brilha na ajuda dada a um outro. "*Onde há caridade e amor, ali está Deus*", recita uma antiga oração. Isso é claramente expresso na parábola do juízo final, no evangelho de Mateus (cf. 25,31-46), em que o Senhor diz àqueles que ajudaram o próximo: "A mim o fizeste" (25,40). Ele está presente em toda obra amorosa, em todos os gestos de perdão, no compromisso dos que lutam contra a violência, o ódio, a fome, o sofrimento, e assim por diante. Como diz Santo Agostinho: "*Não se entristeçam ou se queixem por terem nascido num tempo em que já não podem ver Deus na carne. De fato, ele não lhes tirou esse privilégio. Como ele diz: Tudo o que fizeram aos meus irmãos, a mim o fizeram*".

Deus quer que sejamos uns pelos outros, ele deseja que mostremos pelos outros *inter-esse* (estar entre, em meio), compaixão, caridade, ajuda mútua, amor em todas as coisas. Deus deseja criar uma grande unidade na humanidade, através do ser uns pelos outros, como Ele é misteriosamente em si mesmo um perpétuo dom de si. Por isso, a resposta satisfatória referente à necessidade da oração de intercessão está no mistério do plano de Deus, que deseja esta profunda comunhão entre todos os seus filhos.

> A oração de intercessão é uma expressão da estrutura do ser na qual o primado não é o da pessoa preocupada com sua própria identidade e com seu próprio bem-estar, mas o da pessoa em relação que se preocupa com o bem-estar de todos. Desse modo nasce um sistema de relações através do qual não apenas cada um se preocupa com o bem de todos os outros, mas algumas pessoas podem carregar o fardo de outros e sofrer por eles. [...] É uma lei muito misteriosa, à qual talvez se chegue com dificuldade, mas representa um dos pilares do plano de Deus (Carlo Maria Martini, *Qualcosa di così personale. Meditazioni sulla preghiera* [Algo tão pessoal. Meditações sobre a oração]).

O Pai-nosso

"Quando rezardes, não multipliqueis as palavras como fazem os pagãos: pensam que, devido à força de muitas palavras, é que são atendidos. Não sejais semelhantes a eles; porque o vosso Pai sabe do que precisais, antes de fazerdes o pedido. Portanto, rezai assim:

Pai nosso que estás nos céus,
santificado seja o teu nome,
venha o teu reino,
seja feita a tua vontade
assim na terra como no céu.
Dá-nos hoje nosso pão, de que precisamos.
Perdoa-nos as nossas dívidas
assim como perdoamos aos nossos devedores.
E não nos deixes cair na tentação,
mas livra-nos do mal" (Mt 6,7-13).

Pai

"*Portanto, rezai assim: Pai.*" Jesus nos revelou o verdadeiro rosto e o nome de Deus: *Pai*.

O Evangelho não é um código de comportamento moral, um manual de instruções, não me diz o que *devo fazer por Deus*, mas é o relato comovido daquilo que Deus fez e continua a fazer na minha vida. A *boa nova* evangélica é a obra realizada de Deus Pai em mim, seu filho.

Ao pronunciar no início da oração a palavra *Pai*, concluímos que aprendemos a rezar com a vida, com o cotidiano, especialmente com a provação e o esforço de viver.

Na cruz, Jesus dirá: "*Pai, em tuas mãos entrego o meu espírito*" (Lc 23,46). Além disso, o termo *Abbà* – ou seja, a invocação que, no ambiente semítico, era pronunciada apenas pelas crianças quando se dirigiam docemente ao seu pai, que poderíamos traduzir por *papai, papaizinho* – é pronunciado uma única vez por Jesus, quando tem consciência de que tudo está chegando ao fim, quando sente no seu ser mais profundo o abandono total, não apenas dos amigos, mas também de seu Pai. É nesse momento que gritará: "*Abbà! Pai! Tudo é possível para ti: Afasta de mim este cálice! Mas não o que eu quero, e sim o que tu queres!*" (Mc 14,36).

Dizer que Deus é Pai quando estamos no conforto das nossas casas, na nossa oração rotineira, quando, afinal, não somos golpeados por ventos contrários, deixa um pouco a desejar. É na noite mais profunda que aprendemos a reconhecer o verdadeiro rosto de Deus; é na labuta da vida que se vai definindo quem é Deus para nós.

A qual Deus me confio quando tudo está "contra"? Ter *fé em Deus* significa aceitar permanecer fiel a ele custe o que custar, pois o reconhecemos precisamente como Pai-fiel, que não abandona os seus filhos.

A oração é, em última análise, uma questão de fé, e a fé se prova nos momentos mais sombrios da nossa vida.

No contexto cultural e religioso da época de Jesus, todo mestre ensinava uma oração aos seus discípulos, tanto que a certa altura os discípulos se dirigem a Jesus pedindo-lhe que os ensine a rezar (cf. Lc 11,1). Então Jesus, em resposta a eles, diz: *"Portanto, vós, quando rezardes, dizei assim..."* (Mt 6,9).

É interessante este *"vós"*, que não aparece em algumas traduções. Por que a insistência neste *"vós"*? É como se Jesus dissesse: *"Vós, que sois todos irmãos, quando rezardes a Deus, deveis apenas chamá-lo de Pai"*. Um pai só é pai se tem filhos. E os filhos, como *irmãos*, se dirigem ao genitor chamando-o de *pai*. Como vimos, na escola de Jesus não aprendemos tanto a *pedir*, mas a *ser*, a *viver* as relações que iluminam a vida. Dirigir-se a Deus como Pai, portanto, obriga a reconhecer a nossa verdade: somos filhos e irmãos. Se não nos reconhecemos como filhos amados, perdoados, vivendo como irmãos no amor que perdoa, tem algum sentido chamar Deus de nosso *Pai*?

Nosso

Nosso é aqui um adjetivo possessivo, mas *relacional*.

Os cristãos podem se dirigir a Deus como Pai não por acreditarem que têm um Deus todo para eles, uma espécie de selo de *pertencimento* ao Deus "deles".

Nosso significa que Deus é Pai de todos, mas de todos mesmo, até do malvado, do inimigo, do que professa outra crença e do ateu.

"Mas eu vos digo: Amai os vossos inimigos e rezai por aqueles que vos perseguem; deste modo vos mostrareis filhos do vosso Pai que está nos céus, porque faz raiar o sol sobre os bons e os maus, e chover sobre os justos e os injustos" (Mt 5,44s.). Dizer *nosso* significa perceber que sob este único céu, *eu e o outro*, e, portanto, o *irmão*, somos todos aquecidos pelo mesmo sol e banhados pela mesma chuva de bênção.

Se para mim houver até um único ser humano que não reconheço como meu irmão, posso deixar de invocar Deus como *"Pai nosso"*. Deus é o Amor derramado sobre todos, indistintamente: malvados e santos, sem nenhuma diferença. Um pai não faz diferença entre os seus filhos.

A fraternidade, no sentido de comunhão, é o lugar da presença de Deus entre os seres humanos.

Que estás nos céus

Em 12 de abril de 1961, Iuri Alexeievitch Gagarin foi lançado ao espaço. Da Terra, perguntaram-lhe se via Deus. A resposta tornou-se proverbial: *"Não vejo nenhum Deus aqui em cima"*.

Evidentemente, dizer *céu*, na linguagem teológica, não indica um lugar geográfico. Nosso Deus não é um ser disperso entre as nuvens. Angelus Silesius, místico alemão do século XVII, escreve: "*Detém-te, para onde corres? O céu está dentro de ti! Se buscas Deus em outro lugar, o perdes cada vez mais*" (*O peregrino querubínico*).

Tudo o que existe é *céu de Deus*. "*Eu sou o céu de Deus*", os outros, no caso, os pobres, são o *céu* de Deus.

Se queremos encontrar Deus, não devemos mais elevar os olhos para um céu atmosférico, mas temos de abaixá-los ao "nível do ser humano", e começar a cuidar da sua carne na carne dos irmãos.

Nos Atos dos Apóstolos, no relato da ascensão de Jesus, encontramos esta bela palavra dos anjos: "*Homens da Galileia, por que estais olhando para o céu? Este Jesus, que foi levado do meio de vós para o céu, voltará do mesmo modo que o vistes subir*" (At 1,11). O que significa?

O "modo" como Jesus "subiu ao céu", ou seja, mudou a sua forma de existência e de presença, é ter estado pregado em uma cruz, ou seja, a forma do Amor que vai até o fim. Pois bem, Lucas nos lembra de que agora a única maneira de encontrar o Cristo vivo será não mais olhar para o céu, mas viver a modalidade do amor! Faremos experiência do Vivente – experimentando assim a vida – todas as vezes que fizermos experiência do amor recíproco, aquele capaz de ir até o fim.

Com o evento Jesus de Nazaré, podemos dizer que Deus se transferiu do seu céu para a carne de cada ser humano.

Uma segunda chave interpretativa desse termo "*que estás nos céus*" poderia ser a seguinte. Deus, dissemos acima, é *o ser mais íntimo a mim que eu mesmo* – eu sou o céu de Deus –, mas ao mesmo tempo ele permanece totalmente indisponível para mim. Dizer "*que estás nos céus*" significa afirmar que, seja como for, Deus está além de todos os meus pensamentos, imaginação, ideias e possibilidade de me servir dele.

Seja santificado o teu nome

Na cultura semítica, o nome indica a própria pessoa, a sua *essência mais profunda*.

"*Revelei o teu nome aos homens*", dirá Jesus na sua oração sacerdotal (Jo 17,6) e na cruz cumprirá isso, ou seja, mostrará qual é o autêntico nome-essência do Pai: "*Deus é Amor*" (1Jo 4,8).

Mas o que significa santificar o *nome de Deus*?

Santo significa *outro, separado de, diferente de*. Santificar o nome de Deus, portanto, significa não usar nem abusar, em benefício próprio, do seu nome, não se servir dele: Deus é o ser *indisponível* por excelência. Se quisermos, é o cumprimento, em perspectiva neotestamentária, do antigo mandamento: "*Não pronunciareis o nome do Senhor teu Deus em vão*" (Ex 20,7).

O ser humano se serviu muito facilmente do nome de Deus, usando e abusando dele para validar e justificar as ações mais atrozes. Em nome dele, fizemos cruzadas, guerras santas, fizemos fogueiras para queimar homens e mulheres. "*Seja santificado o teu nome*" significa reconhecer que tudo isso é absurdo, não pode acontecer. Não posso usar o nome de Deus para obter e justificar os meus delírios religiosos. Assim como não é possível – *em nome de Deus* – esmagar pessoas com cargas morais insuportáveis (cf. Lc 11,46).

Além disso, o nome de Deus é só um: Amor. E, como o amor é relação, *o nome de Deus será santificado* todas as vezes que eu viver uma relação sob o signo do amor.

Santifico o nome de Deus comprometendo-me a amar os irmãos, respeitando-os, reconhecendo sua dignidade e não acreditando estar fazendo isso ao cumprir preceitos religiosos.

É na carne do ser humano que *o nome de Deus* é santificado ou blasfemado!

> Santificamos o nome de Deus quando, com a nossa vida, com a nossa ação solidária, contribuímos para construir relações humanas mais justas e mais santas que eliminam a violência e a exploração do homem pelo homem. Deus é sempre profanado quando se profana a sua imagem e semelhança que é o ser humano; e é sempre santificado quando se restitui a dignidade humana a quem é despojado e é oprimido (Leonardo Boff, *Pai-nosso: a oração da libertação integral*).

Rezar o Pai-nosso, portanto, nos compromete concretamente, porque corremos o risco de *santificar* Deus em uma hóstia no altar e *blasfemá-lo* no corpo ferido de pobres infelizes. Que sentido tem um Deus adorado no altar e ofendido nos irmãos? Será que há mais Deus em uma hóstia do que em um ser humano? Antes de se tornar hóstia, Deus se fez carne.

É muito fácil *dizer-se de Deus*, quando se negligencia o essencial da relação com Deus, ou seja: *"O que há de mais importante na lei, a saber, a justiça, a misericórdia e a fidelidade"* (Mt 23,23). Não se pode pensar *amar a Deus* vivendo *religiosamente*, é preciso chegar a *amar o próximo*. *"Se alguém diz: 'Eu amo a Deus', mas odeia seu irmão, é mentiroso"* (1Jo 4,20).

Venha o teu reino

É interessante notar como no Pai-nosso uma palavra ilumina a outra. *"Venha o teu reino"* não faz senão explicitar o que acabou de ser enunciado.

Não há dúvida de que o tema central da pregação de Jesus é a vinda, a instauração do *Reino de Deus*.

No Evangelho, quando Jesus fala do Reino, sempre o identifica com uma mudança real das relações sociais: *"Ide e anunciai a João o que estais ouvindo e vendo. Os cegos recuperam a visão, os coxos andam, os leprosos são purificados, os surdos ouvem, os mortos ressuscitam, aos pobres é anunciado o Evangelho"* (Mt 11,4s.).

Onde Deus está em ação, ou seja, onde se instaura o Reino de Deus, há cura, perdão, possibilidade de vida para o ser humano, finalmente liberto, segundo seu verdadeiro ser.

Instaura-se o Reino de Deus todas as vezes que o ser humano se realiza em sua plenitude humana, vivendo como ressuscitado (cf. Jo 10,10). E ressuscitar não significa *"tirar do túmulo"*, mas devolver a vida a quem se sente e se acredita "morto". Ressuscitar é devolver a plenitude de vida a quem sempre viveu na morte, à sombra da morte. No fundo, significa colocar a vida em movimento novamente.

"Ele os tirou das trevas e da sombra da morte, e quebrou as suas prisões" (Sl 107,14).

"O povo que jazia nas trevas viu uma grande luz; ela surgiu para os que jaziam na sombria mansão da morte" (Mt 4,16).

"Graças à ternura e misericórdia de nosso Deus, nos visitará um sol que surge do alto, para iluminar os que vivem nas trevas e na sombra da morte" (Lc 1,78-79).

Então, qual o significado de *"venha o teu Reino"*?

É comprometer-se, contribuir para instaurar a ação de Deus no mundo, nesta história, encarnar o Evangelho que é *libertação do reino da morte*, para o ser humano aqui e agora. Reerguer quem está prostrado no chão (levantar os paralíticos), devolver a palavra aos que sempre foram impedidos de se pronunciar (fazer falar os mudos), ajudar a ouvir palavras que têm sentido (fazer os surdos ouvirem), a tirar as pessoas de situações difíceis, de pobreza, e fazê-las sair dos sepulcros existenciais (ressuscitar os mortos). Esse é o significado de instaurar o Reino!

Instaura-se o Reino de Deus todas as vezes que, com um gesto de amor, se contribui para fazer retroceder um pouco o reino das trevas, iluminando-o. Todas as vezes que, em nossa pequenez, fazemos o bem, estamos instaurando o Reino de Deus. Sempre que contribuímos para lançar luz, através do nosso bem, em um contexto de trevas, e ajudamos as pessoas a saírem de seu cone de sombra existencial, contribuímos para que o Reino de Deus se estabeleça.

"*O Espírito me tomou e me enviou para anunciar alegria, para libertar, para dar luz, para trazer libertação*" (Lc 4,18s.).

Onde há alegria, luminosidade, liberdade, libertação, ali o Reino de Deus está sendo edificado.

Seja feita a tua vontade

Geralmente, pronunciamos essa invocação com um pouco de medo... "seja feita a tua vontade, e tomara que seja boa!".

É o perigo de quem teve pais ou mães autoritários, muito rígidos, e cresceu obedecendo à "vontade deles", talvez arruinando a própria vida. Também, neste caso, corremos de risco de projetar em Deus o que acontece no âmbito antropológico: Deus é o *grande pai* que quer impor a sua vontade sobre nós e temos de aceitá-la obedientemente, esperando que tudo corra bem para nós.

Isso é muito perigoso, sobretudo no âmbito religioso. Chega a parecer que a vontade de Deus está no céu e cabe a mim adivinhar, para acatar, o que Ele decidiu ser um bem para mim. Pois bem, a *vontade de Deus* é outra coisa.

Aliás, poderíamos dizer isto: não existe nenhuma "*vontade de Deus*" heterônoma, ou seja, externa ao ser humano, à qual é preciso corresponder para ser feliz.

O grego vem em nossa ajuda: no Evangelho, temos *télemá*, termo que está ligado ao conceito de *fim*, *cumprimento*.

Poderíamos afirmar: qual é a vontade de Deus a meu respeito? Que eu me realize! Que eu chegue à plenitude de minha pessoa; em uma palavra: que eu seja feliz.

Essa é a única vontade de Deus.

Qualquer forma que *eu* escolher e que conscientemente considero capaz de realizar meu coração e, portanto, a minha pessoa, esta é a vontade de Deus.

Assim, *seja feita a tua vontade* significará: eu me comprometo, com tua graça, Senhor, com tua ajuda, a me realizar plenamente e a fazer que todos os que estão ao meu lado possam chegar à própria plenitude.

Sou uma semente e a vontade de Deus é que eu desabroche.

Do Gênesis ao Apocalipse (ou seja, em toda a Bíblia), há uma única vontade de Deus que está encerrada em uma belíssima palavra: *"Façamos o ser humano"* (Gn 1,26).

A vontade de Deus é que finalmente o ser humano *emerja*, nasça uma segunda vez, ou seja, venha à luz da sua plenitude, realize-se naquilo que *deve ser*. A vontade de Deus não é senão vitória sobre todas as minhas solidões.

"Esta é a vontade de Deus, a vossa santificação" (1Ts 4,3). Então, o que será a santidade? O ser humano maduro, completo, finalmente desabrochado: aquele que levou às extremas consequências o princípio de vida que trazia dentro de si.

A vontade de Deus em nós, se realizada, produzirá apenas paz, alegria, serenidade. Assim, invocar *seja feita a tua vontade* significará: "Age em mim, Senhor, para que eu possa me expropriar cada vez mais do meu ego e possa me tornar cada vez mais eu mesmo, até me contemplar como uma só coisa contigo. Até me tornar Deus".

Assim na terra como no céu

João Crisóstomo afirma: *"Deus diz: eu criei o céu e a terra. Também a ti concedo a força criadora; faz que a terra se torne céu; tu realmente podes fazê-lo"*.

Mas como posso fazer que a terra se torne céu?

Para avaliar corretamente as coisas do mundo, o cristão não extrai os seus critérios de avaliação do próprio mundo, mas do Reino de Deus. Na lógica de Deus, no Evangelho, está a chave do método para transformar este mundo.

Não certamente no mundo onde reina apenas a posse, o poder, o sucesso!

No Livro do Êxodo, JHWH dá a Moisés indicações precisas sobre como construir a Arca da Aliança, lugar da própria presença de Deus, dizendo-lhe: *"Olha e faz conforme o modelo que te foi mostrado no monte"* (Ex 25,40). Interessante.

É preciso ter as mãos imersas nas coisas do mundo, empenhar-se em edificar um mundo transfigurado através do amor, mas o olhar deve estar "no monte", onde nos foi mostrado o modelo do amor, a maneira de amar o mundo para que possa ser transformado em um lugar paradisíaco. Ora, esse monte não é senão o lugar em que foi erguida a cruz de Cristo, ou seja, o modo do maior amor, aquele que vai até o fim.

O critério, o termo de comparação, o modelo para fazer que este mundo possa se transfigurar em paraíso é o Amor maior. Portanto, *assim na terra como no céu* indica não um lugar, mas uma modalidade: o amor que venceu a morte e o mal é o mesmo que somos chamados a viver neste mundo para transformá-lo desde dentro e torná-lo um lugar paradisíaco.

Dá-nos hoje o nosso pão de cada dia

> Quem pede o pão para hoje é pobre. A oração pressupõe a pobreza dos discípulos. Pressupõe pessoas que, por causa da fé, renunciaram ao mundo, às suas riquezas e aos seus luxos e agora pedem apenas o necessário para a vida (Bento XVI, *Jesus de Nazaré*).
>
> Com razão o discípulo pede o necessário para viver apenas para o dia atual, porque lhe é proibido se preocupar com o amanhã (Cipriano, *De Dominica oratione*, 19).

Dessas afirmações, deduzimos duas realidades importantes:

- a pobreza parece ser a condição suficiente e necessária para poder pedir o *pão de cada dia*;
- o *pão* é o necessário para a vida.

No Evangelho, mas, no fundo, em todas as culturas, o pão é símbolo da vida, é a vida. Agora a questão é: de qual vida se está falando nesse contexto? Qual *vida* pedimos com o Pai-nosso?

Não certamente aquela que é mantida com o *pão de trigo* que servimos todos os dias. Mas aquela vida *qualitativamente tão elevada a ponto de ser capaz de derrotar até a morte*. Aquela que no Evangelho é denominada *vida eterna*.

"*Dá-nos aquele pão que nos torne capazes de viver uma vida que não tenha mais fim.*"

Ninguém é capaz de se dar este tipo de vida, aquela que nos faz passar da mera existência a uma vida verdadeira.

Se traduzíssemos literalmente *pão de cada dia*, teríamos o termo *suprassubstancial*.

Com esta invocação, pedimos algo que realize a nossa vida, que a torne mais humana, que a faça desabrochar.

Precisamos de um alimento que nutra aquela vida em nós que é a *verdadeira vida*!

Todos temos sede de vida, mas a tentação é pensar que ela é mais garantida pelo pão material, pelo dinheiro, pela carreira, pelo sucesso... "empanturramo"-nos com tudo isso, pensando que estamos vivendo um pouco mais.

Por que insistir que o pão deve ser *de cada dia* (apenas para hoje)? Devemos nos remeter a uma passagem do Antigo Testamento: ao povo que se queixa e pede alimento, é concedido o maná, mas apenas para *hoje*. Não é permitido acumulá-lo para amanhã.

> *"Os filhos de Israel assim fizeram: uns recolheram mais, outros menos. E quando mediram com gomor viram que nem o que havia ajuntado mais tinha em demasia, nem quem havia recolhido menos sentia falta. Cada um havia recolhido o que de fato podia comer! Disse-lhes ainda Moisés: 'Ninguém deve guardá-lo até a manhã seguinte'. Alguns não deram ouvidos a Moisés e guardaram até a manhã seguinte, mas o maná criou vermes e apodreceu. E Moisés ficou irritado contra eles. Recolhiam-no, pois, manhã por manhã, quanto cada um ia comer. Aliás, com o calor do sol, o maná se derretia"* (Ex 16,17-21).

Não ter mais para o amanhã obriga a pedir de novo. Se tivesse para dois dias, amanhã me esqueceria do Doador e me concentraria no dom...

É mais importante o dom ou o Doador?

Os dons são sempre simbólicos, deveriam lembrar aquele que os dá.

O dom é o chamado ao coração do amante.

A vida não pode ser acumulada, apenas recebida.

Vamos reler tudo isso à luz da nossa vida cotidiana: a nossa relação com as pessoas, com os objetos, com as coisas que temos.

Não por acaso Jesus diz: *"Eu sou o pão que desceu do céu"* (Jo 6,41).

Jesus se identifica com o pão, ou seja, com a vida. Então, poderíamos traduzir: *"Dá-nos o nosso pão de cada dia"*, assim:

> *"Hoje entro em mim e faço a viagem à parte mais íntima de mim: ali descubro que Deus se fez presença. Entro em contato com Ele que se fez Pão, sacio a minha fome, a minha vida cresce, se realiza e eu me torno verdadeiramente eu mesmo".*

Estejamos atentos: para Jesus, a vida é mais do que o pão, mas também é verdade que não podemos prescindir do pão que colocamos à mesa.

Para Jesus, este pão é tão importante que ele o torna critério de salvação: *"Tive fome e me destes de comer"*. É verdade que *"o ser humano é aquilo que recebe"* (Santo Agostinho), contudo também é verdade que recebo a *vida eterna*, mas vivo do pão que dou e que o pobre recebe.

Nós dizemos: "*Dai-nos*", e Deus diz: "*Dai, e vos será dado*" (Lc 6,38). É como se o seu dom estivesse ligado ao nosso dar. É tudo um jogo de *receber* e de *dar*.

No Evangelho, a palavra *amor* é um verbo que se conjuga em *dar*. Parar de dar é parar de viver, porque a vida se alimenta ao ser doada. Se a retivermos, a perdemos.

A verdadeira fome começa quando retenho o meu pão para mim, ao passo que se extingue tirando a fome dos outros. E também é verdade que nos aquecemos cobrindo os outros, somos libertados visitando os encarcerados e somos curados visitando os doentes (cf. Mt 25).

O outro é o critério da minha salvação. Se rejeito o outro, afasto-me de mim mesmo; se nego o outro, mato o meu eu. "*Eu e você somos uma só coisa: não posso lhe fazer mal sem me machucar*" (Mahatma Gandhi).

A medida da minha felicidade é a felicidade do outro.

Perdoa as nossas dívidas, assim como nós perdoamos aos nossos devedores

Tudo é graça, mas sob uma condição: o amor recebido se cumpre doando-o.

> *"Se estiveres para apresentar a tua oferta ao pé do altar, e ali te lembrares de que teu irmão tem qualquer coisa contra ti, larga tua oferta diante do altar, e vai primeiro reconciliar-te com teu irmão. Então voltarás, para apresentar a tua oferta"* (Mt 5,23s.).

Não há como fugir: a relação com Deus tem a ver com a relação com os irmãos.

Deus me perdoa, cura o meu mal, me reabilita para uma vida em plenitude de modo gratuito e imerecido, mas tudo isso se torna verdadeiro em mim quando começo a perdoar, a curar os outros e a colocar em movimento a vida do outro. Quem não perdoa, perderá até o perdão recebido de Deus.

A mesma coisa vale para a Eucaristia: como o pão transforma o ser, eu só me transformarei fazendo-me *pão partido* para os outros. Se não me dou como alimento para os irmãos para que possam se alimentar de mim, perderei também o que recebi na igreja com a Eucaristia.

Lembremo-nos da parábola dos dois devedores (cf. Mt 18,23-35). Aquele a quem é perdoada uma grande dívida não perdoa uma pequena dívida que um irmão tem para com ele.

A conclusão da história nos diz que, se não perdoamos, se não devolvemos o que recebemos, também perdemos o que recebemos. Se não doamos o perdão, significa que não compreendemos, não tornamos nosso o perdão recebido. É como se o perdão de Deus desaparecesse dentro de nós.

Cuidado: isso não significa que o perdão ao irmão é o motivo pelo qual Deus nos perdoa. Deus nos perdoou de qualquer modo, mas é como se esse perdão *"começasse a ter efeito"* apenas perdoando; é a prova de que o perdão de Deus realmente nos transformou. A relação com Deus não pode ser uma relação *de você para você*. Dizemos "Pai-nosso" e não "Meu Pai", "dá-nos" e não "dá-me"... É importante entrar nessa lógica.

Não nos induzas à tentação

A nova tradução propõe: *"Não nos deixes cair em tentação"*. Na realidade, se traduzíssemos literalmente do grego, a melhor maneira ainda seria: *"Não nos induzas..."*. A mudança de tradução, na verdade, aconteceu por problemas de compreensão: "Mas, como, Deus induz à tentação?".

Para começar, digamos que ser tentados não é um mal.

> Como a tempestade obriga a árvore a afundar cada vez mais as suas raízes no solo, assim a tentação fortalece o monge na sua luta pelo bem (Giovanni Vannucci, *Invito alla preghiera* [Convite à oração]).

A tentação fortalece. *"Nenhuma tentação, que superasse as forças humanas, veio sobre vós. Deus é fiel: não permitirá que sejais tentados acima das vossas forças, mas, com a tentação, vos dará também o meio de livrar-vos e a força para que possais suportá-la"* (1Cor 10,13).

Vamos tentar entender primeiro o que significa *induzir*.

Poderíamos entendê-lo como *movimento que contém em si a conclusão de um caminho*. O seu contrário é *ir além*.

Portanto, a oração pede: "Faça-me ir além, leva-me para fora, não permitas que me mantenha na tentação". Pede para atravessar a tentação.

Não devemos evitar as tentações, temos de atravessá-las.

As paixões não se extinguem, se atravessam. Quem tem medo e evita as tentações, jamais amadurecerá na vida espiritual. Desse modo, tornamo-nos *especialistas* na vida espiritual.

A palavra *especialista*, de fato, está relacionada com a palavra *perito*, que por sua vez deriva do grego *perao*: penetrar, passar de um lado para o outro, atravessar. O especialista é, portanto, aquele que atravessa. Se não somos tentados, jamais iremos a nenhuma parte e pereceremos.

Jesus viveu as tentações assim que começou a sua vida pública.

O Espírito *conduz* Jesus ao deserto para ser tentado e Jesus atravessa todas as tentações, não foge.

"Filho, se te apresentas para servir ao Senhor, prepara-te para a tentação" (Sr 2,1).

Em última instância, a tentação é sempre a escolha entre dois amores. Somos obrigados a escolher.

Hoje, o grande drama é que não se escolhe mais.

Enquanto somos tentados, ainda podemos escolher entre dois valores. É a oportunidade para nos reevangelizar; para ser reconduzidos ao essencial, para lembrar aquilo pelo qual vale a pena viver e morrer.

Santo Antão escrevia: *"Suprimam a tentação e ninguém mais se salvará"*.

Nós, ao contrário, pensamos que a nossa vida espiritual poderá ser melhor quando diminuírem as tentações, quando um desejo não se fizer mais sentir.

Quem não é tentado nem sequer está vivo. Uma coisa é certa: um morto jamais será tentado!

"Considerai-vos felizes quando vos assaltarem tentações de toda sorte" (Tg 1,2).

Liberta-nos do mal

O mal existe, dentro e fora de nós. Todos o experimentamos.

Mas somos nós que sofremos a maior parte do mal que experimentamos; somos vítimas do mal. Mesmo quando o cometemos, é porque no fundo somos vítimas dele.

A psicologia e a psicanálise continuam a repetir isso.

Muitas vezes é uma força que condiciona os nossos pensamentos, as nossas ações, as nossas palavras. Estamos impregnados dela.

E, não encontrando a maneira de elaborá-lo, o derramamos sobre os outros.

Não somos maus, ou melhor, o somos no sentido etimológico do termo: *prisioneiros* de um mal que trazemos dentro de nós. Somos as primeiras vítimas do mal que fazemos.

No Evangelho, o mal é identificado com o *demônio*, ou com o *espírito impuro*. Jesus não perde a oportunidade de libertar as pessoas prisioneiras desse espírito (que não é o *diabo*) que prende o ser humano contra a sua vontade, que o impede de se tornar completamente humano.

Quantas vezes Jesus se aproxima de pessoas consideradas "endemoniadas" e as liberta! Ele sabe que só nos tornamos humanos como pessoas livres.

Começamos então a compreender o que significa "*liberta-nos do mal*": "Ajuda-me a curar deste mal que toma conta de todos os meus pensamentos, das minhas relações, das minhas palavras... liberta-me! Liberta-me também do sentimento de culpa, de pensar que sou mau".

É verdade que nós erramos, mas isso se deve à nossa fragilidade inata, porque no fundo somos apenas pobreza à espera de realização.

Dizer *"liberta-nos do mal"* é entrar no Evangelho; é sentir Cristo que se aproxima de nós e nos diz: *"Sim, eu quero, seja libertado"*.

Não nos esqueçamos de que até quem nos fez mal provavelmente também estava ferido. Por isso, temos de entender cada vez mais quem nos fez mal (e isso não significa justificar). É um esforço que nos recusamos a fazer, mas só começamos a perdoar quando começar a entender. Ao rezar assim, nós tomamos consciência de que não temos o poder de nos libertar das estruturas do mal sozinhos.

É interessante notar que a oração do Pai-nosso começa com a palavra *Pai* e termina com a palavra *mal*.

Toda a nossa vida se desenvolve entre o Pai e o mal, mas não devemos ter medo: Jesus veio para nos dizer que o Pai é mais forte que o mal.

Uma releitura possível

Giovanni Vannucci observa, com pesar, que o Pai-nosso não é considerado uma oração que tem como finalidade *nos despertar* para nós mesmos, aumentar nossa humanidade, produzir frutos, mas antes como um *pedido*. Já lembramos anteriormente que, para Vannucci, a oração não deveria ser entendida como oração de petição. Ele escreve:

> No Pai-nosso não há o tempo subjuntivo nem o optativo, mas apenas uma afirmação de fé: não *"Venha o teu Reino"*, mas *o teu Reino vem*.

Não "*Seja feita a tua vontade*", mas *a tua vontade se fez no céu e na terra*. Não "*dá-nos hoje o nosso pão de cada dia*", mas *tu nos dás o pão de hoje e o de amanhã* (de cada dia significa isso). *Tu perdoas as nossas dívidas quando nós as perdoamos aos nossos devedores. Tu não nos induzes em tentação, mas nos libertas do mal.* São todas afirmações de fé, porque, se acreditamos em Deus... Cristo diz: "Vosso Pai que está nos céus sabe muito bem do que precisais"; portanto, não é necessário pedir. No entanto, precisamos dessa afirmação. "Tu nos dás o nosso pão de hoje e de amanhã. Tu não nos induzes em tentação, mas, quando nos encontramos na prova, nos libertas do mal." Prestem atenção, é diferente... (*Rezar*).

Conecte-se conosco:

f   facebook.com/editoravozes

⌾   @editoravozes

𝕏   @editora_vozes

▶   youtube.com/editoravozes

🟢   +55 24 2233-9033

www.vozes.com.br

Conheça nossas lojas:

www.livrariavozes.com.br

Belo Horizonte – Brasília – Campinas – Cuiabá – Curitiba
Fortaleza – Juiz de Fora – Petrópolis – Recife – São Paulo

EDITORA VOZES LTDA.
Rua Frei Luís, 100 – Centro – Cep 25689-900 – Petrópolis, RJ
Tel.: (24) 2233-9000 – E-mail: vendas@vozes.com.br